智能车辆队列
纵向与横向控制

赵 津 王广玮 石 晴 著

重庆大学出版社

图书在版编目(CIP)数据

智能车辆队列纵向与横向控制/赵津,王广玮,石
晴著.--重庆:重庆大学出版社,2023.5

ISBN 978-7-5689-3102-1

Ⅰ.①智… Ⅱ.①赵… ②王… ③石… Ⅲ.①智能控
制—汽车—研究 Ⅳ.①U46

中国版本图书馆 CIP 数据核字(2021)第 266885 号

智能车辆队列纵向与横向控制
ZHINENG CHELIANG DUILIE ZONGXIANG YU HENGXIANG KONGZHI

赵 津 王广玮 石 晴 著
责任编辑:范 琪 版式设计:范 琪
责任校对:夏 宇 责任印制:张 策

*

重庆大学出版社出版发行
出版人:饶帮华
社址:重庆市沙坪坝区大学城西路 21 号
邮编:401331
电话:(023) 88617190 88617185(中小学)
传真:(023) 88617186 88617166
网址:http://www.cqup.com.cn
邮箱:fxk@ cqup.com.cn(营销中心)
全国新华书店经销
重庆升光电力印务有限公司印刷

*

开本:720mm×1020mm 1/16 印张:12.25 字数:176 千
2023 年 5 月第 1 版 2023 年 5 月第 1 次印刷
ISBN 978-7-5689-3102-1 定价:88.00 元

序　言

　　在过去的 20 余年中,智能车辆技术的发展得到了研究人员、车企以及各国政府的高度关注。车辆队列控制技术作为自动驾驶领域的一个热门方向,在安全性、交通效率、燃油经济性等方面有着明显的优势和潜力。然而,这种新型的车辆组织和行驶模式,对车辆系统的建模、感知、决策、控制及其在宏观层面对交通流的影响,都提出了新的问题和挑战。

　　本书作者一直从事智能车辆相关领域的教学与研究,在从事学生指导和课题研究的过程中,发现市面上虽已出版了较多与车辆控制相关的教材与专著,但在车辆队列这一特殊领域,与其相关的感知、决策、控制,以及在交通流宏观视角下,队列车辆控制相关问题的书籍还相对缺乏。本书总结了作者在该领域的主要研究工作,主要涉及了车辆队列相关的建模、纵向与横向控制,分析了队列控制技术对交通流的影响,并介绍了研究团队近年来搭建的相关研究平台和硬件技术。本书可为高校、研究机构、企业相关领域研究人员提供参考,同时也可作为高校本科、研究生相关课程的参考书。

　　在本书撰写过程中,孙念怡、韩金彪、唐雄、刘照、秦杨军、李淑萍等提供了细致的帮助,在此谨表谢忱。

　　智能车辆作为一种新兴技术,正处于较快的发展与演化进程中,许多新理论、新方法也在不断涌现和应用。由于作者研究水平有限,书中难免存在疏漏之处,敬请读者批评斧正。

赵　津

2022 年 10 月于贵州大学崇厚楼

目　录

第1章 自动高速道路系统与智能车辆控制

1.1 背 景

随着汽车工业的发展,世界汽车产量逐年上升,已成为支撑世界各国重要的经济支柱之一。在 1950 年,全世界汽车产量就已达到 1 000 万辆,到 2000 年,这一数据突破 5 800 万辆,2018 年全球汽车产量为 9 563 万辆,2019 到 2020 年虽然有略微下降趋势,但全球汽车产量仍然高达 7 800 万辆,如图 1.1 所示[1,2]。据公安部统计,截至 2021 年 9 月,我国机动车保有量达 3.90 亿辆,其中汽车 2.97 亿辆;全国机动车驾驶人 4.76 亿人,其中汽车驾驶人 4.39 亿人[3],交通需求增长趋势明显。

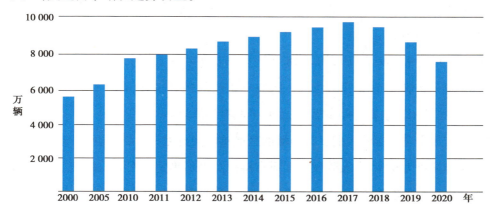

图 1.1 世界汽车年产量

随着汽车产量的不断增长,人类在越来越多的方面享受到了汽车带来的益处。近十年,我国公路总里程和公路密度呈稳定上升趋势,2020 年末全国公路总里程 519.81 万 km,比上年末增加 18.56 万 km。2020 年我国的公路营业性客运量在全国营业性客运量中占比 71.3%,公路营业性货运量在全国营业性货运量中占比 73.8%[4]。在欧盟,道路运输是整个内陆运输业的主要途径,2018 年占比为 75.3%,且该数据仍在持续增长[5]。

然而,在汽车给社会带来经济效益的同时,也产生了交通拥堵问题,它一直被视为是造成严重的社会、经济和环境问题的原因。欧盟联合研究中心的报告指出,许多国家的主要城市(法国巴黎、德国柏林、葡萄牙里斯本)交通拥堵时间均呈逐年上升趋势,交通拥堵进一步增加了公路运输成本,因道路拥堵导致的损失大约超过 1 100 亿欧元/年[5]。根据高德地图发布的《2020 年度中国主要城市交通分析报告》[6],2020 年我国 361 个城市中,有 40.16% 的城市在通勤高峰时处于拥堵或缓行状态。因此,我们不得不面对如交通拥堵、安全、污染、能源损耗等一系列日益严重的问题。

2018 年,欧盟国家的内陆运输业燃油消耗量达到 287 百万吨油当量,占总能源消费量的 30.5%。公路运输量占内陆运输量的 76.7%,公路运输的燃油消耗量占运输业消耗量的 32.8%。同年,欧盟国家的道路运输的 CO_2 排放量达 11 亿 t,占整个交通排放量的 87% 以上[5]。在中国,汽车能耗在总体燃料消耗中的比例逐年不断增加,2018 年我国全年燃料油产量为 2 024.1 万 t,2019 年燃料油产量为 2 469.7 万 t,比 2018 年同期增长了 445.6 万 t,累计增长了 22%。由于堵车,汽车行驶时间增加,必然造成燃料的额外消耗,汽车缓慢运行的同时,驾驶员还需频繁启停车辆,更加剧了燃料的消耗。

交通安全是影响人们日常生活的最严重的问题之一,由于驾驶员难以长时间保持注意力集中,以及驾驶员素质有待提高等不确定因素导致的交通事故率居高不下,如道路交通事故、环境污染等。交通事故和疟疾、艾滋病、战争等问题成为导致死亡和残疾的主要原因。据统计,欧盟 2019 年的交通事故数量达到 93.52 万起,事故导致死亡人数超过 2.2 万[7]。近年来,我国道路交通体系在运输能力供给、设施总量规模以及服务质量等方面获得了显著成就,道路交通事故的总量较大,但机动车交通事故在逐年减少。2018 年涉及人员伤亡的道路交通事故数为 24.49 万起,2019 年道路交通事故数为 24.76 万起,其中,汽车交通事故发生数为 15.9 万起,同比下降 4.5%[8]。

　　有学者建议通过修建更多的公路和街道来解决交通问题。然而,无论从经济还是环境角度来看,修建道路的难度在逐渐增加。数据显示,每年通过建设道路增加的车辆容纳能力远远滞后于社会的需求,所以才导致交通拥堵问题的日益严重。因此,解决交通拥堵问题,必须寻求更为有效的解决办法。其中一种方法是通过对公路和燃料资源的优化利用,提供安全、舒适的交通,同时将对环境的影响降到最小。然而,开发出能够满足这些种类繁多又相互制约的多样性需求的车辆,无疑是一个巨大的挑战。对于迎接这一挑战,智能交通系统(Intelligent Transportation System, ITS)已显示出其在提高交通安全、减少交通拥堵、改善驾驶条件等方面的巨大潜力。早期研究表明,借助于 ITS,可以将意外事故降低 18%,污染气体排放减少 15%,耗油量降低 12%[9]。

1.2　智能交通系统和自动高速公路系统

1.2.1　智能交通系统

　　智能交通系统起源于 1940 年纽约世界博览会上展出的名为“Futurama”的概念运输系统。经过 1980—1990 年大量的项目研究和实施,在欧洲、北美和日本,ITS 已成为当今的研究主流。对人、车、路而言,ITS 是一个先进的信息和通信网络。ITS 可以共享信息,使人们获得更多的交通信号,提供更高的安全性和效率的同时降低对环境的影响。ITS 的原理如图 1.2[10] 所示。

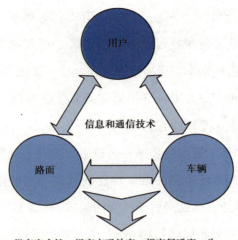

图 1.2　智能交通系统原理图

ITS 是将先进的科学技术(信息技术、计算机技术、数据通信技术、传感器技术、电子控制技术、自动控制理论、运筹学、人工智能等)有效地综合运用于交通运输、服务控制和车辆制造,加强车辆、道路、使用者三者之间的联系,从而形成一种保障安全、提高效率、改善环境、节约能源的综合运输系统。根据中国基本实现现代化的战略部署和国民经济发展的阶段性要求,综合考虑我国交通运输业的总体发展水平和智能交通的发展现状和水平,智能交通在中国的发展主要经历了以下 3 个阶段。

第一阶段(2006—2010 年):交通系统技术体系和智能型综合交通系统形成期,在几个应用领域达到和接近发达国家同类项目 2000 年的水平。具体是以城市和城间道路运输系统为核心,兼顾其他运输方式,在城市交通信号系统、公交调度和服务系统、区域联网不停车收费系统、综合交通信息集成系统、公众出行信息服务系统等方面形成效用明显、规模大、使用范围广的实际应用系统;在北京奥林匹克运动会、上海世界博览会和广州城市综合交通中形成智能交通系统应用的典型系统;在交通信息采集与处理、新型定位系统技术、新型交通安全技术、智能车路系统等方面初步形成自主研究和创新体系,开发可为企业和政府所应用的先导技术。

第二阶段(2010—2015 年):完善的智能交通技术体系已经形成,智能型综合交通体系已经开始发挥效用,并日渐完善,达到发达国家 2005 年 ITS 发展水平,即国际上所称的第二代发展水平。各种交通运输方式完成自身的智能化建设,智能交通综合系统已初步形成并发挥效应,各地区在国家 ITS 体系框架和标准的指导下,建成便于今后全国联网、互通共享的智能交通综合信息平台系统,能够实现全国范围内的快速客运系统和货运物流系统,达到人流、物流、信息流的无缝衔接,智能型综合交通体系开始发挥明显作用。

第三阶段(2015 年至今):智能交通系统已经成为人们生活的必要组成部分,人、车、路之间已经形成稳定、和谐的智能型整体,进入智能交通发展的成熟期,接近发达国家的发展水平。通畅、便捷、安全、经济、可持续发展的智能型综合交通体系已全面建成,智能交通系统已经成为人们生活中必不可少的组成部分,建立于一般服务和特殊服务基础之上的智能交通各子系统能够满足人们各种各样的出行要求,在交通量持续增加的情况下,智能交通系统能够实现自身的动态调节,交通与人、与社会、与环境更加和谐[11]。

ITS 智能交通系统在自动驾驶领域一般包括以下几类:

①Vehicle to Vehicle(V2V)。

②Vehicle to Infrastructure(V2I)。

③Infrastructure to Vehicle(I2V)。

④Vehicle to Pedestrian(V2P)。

⑤Vehicle to Everything(V2X)。

V2V 一般描述为在 ITS 系统中车与车之间的通信,实现车辆信息传输;V2I 一般描述为在 ITS 系统中车与基础设施之间的通信,基础设施一般为路边的通信设备,用于收集 ITS 整体系统的各类交通信息;I2V 一般描述为在 ITS 系统中基础设施与车之间的通信,实现基础设施与车辆之间的信息传输;V2P 一般描述为在 ITS 系统中车与各类行人的通信,包括骑电车的人、行人、骑自行车的人等,他们被视为可携带通信设备的通信来源。在最高层次上,ITS 中车辆被描述为 V2X,用于车辆对任何东西,类似于"物联网",每一个设备都可以连接到任何其他设备。

1.2.2 自动高速公路系统

自动高速公路系统(Automated Highway System,AHS)是 ITS 不同研究专题中最重要的项目之一,用来表示车辆和公路基础设施之间的新型关系。自动高速公路系统假设具有专用的高速公路车道,所有的车辆均由计算机控制其转向、制动、节气门,采用通信、传感和障碍物检测技术来与外界基础设施交互,以实现车辆的完全自动化[12]。简而言之,AHS 将车载智能和通信技术结合在一起,实现车辆与公路基础设施的互联。AHS 控制框架如图 1.3 所示。

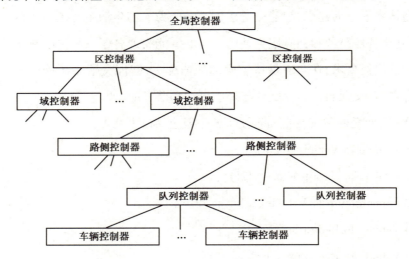

图 1.3 AHS 分层控制框架

AHS 主要包括车辆控制器、队列控制器、路侧控制器、域控制器、区控制器以及全局控制器。其中,车辆控制器是指个体车辆中均存在接收来自平台命令的控制器,并将这些命令(如期望轨迹、期望速度及期望侧偏角等)转换为车辆执行机构的控制信号(如节气门、制动和转向机构的操作);队列控制器是指接收路侧控制器的指令,并负责控制和协调队列内各车辆间的关系,主要涉及车辆队列间的操作(如与其他队列合并、分离和车道变化)和车辆队列内各车辆间的活动(如保持安全车距);路侧控制器是公路基础设施的一部分,主要任务是为各车辆队列分配速度、安全距离,以避免各队列产生碰撞,此外还会发出对车辆队列的合并、分离和车道改变的指令。高级控制器包括域控制器、区控制器和全局控制器,为低级和中级控制器提供网络范围的协调控制。特别地,域控制器为各个平台提供全区范围的动态路径指导,并通过提供预瞄点和控制目标来监督协调路侧控制器,全局控制器对区控制器进行监督或控制。AHS 使用通信、传感和障碍物检测技术对外部基础设施条件进行识别和交互。车辆和高速公路相互合作,协调车辆移动,避开障碍物并改善交通流量,提高安全性和减少交通堵塞。AHS 的概念结合了一系列车载智能技术、公路基础设施的智能设备,以及连接车辆对公路基础设施的通信技术。自动驾驶系统中的智能车辆(Intelligent Vehicles,IVs)可以使用传感器感知驾驶环境,并向驾驶员提供帮助(通过提示或警告),也可以对车辆本身进行完全控制,以实现有效的车辆操作[13]。

　　AHS 的实施可带来的潜在益处详见表 1.1。需要注意的是,有些益处目前仍处于推测状态,具体体现取决于系统在实际中的应用。

表1.1　AHS 的潜在益处

因素	优势
道路通行能力	AHS 中车辆可以以队列行驶,减小了车间距离,交通流量可达普通高速公路的 3 倍[14]
安全性	人为错误导致的交通事故占比高达 93%,而由车载设备故障、环境条件(如湿滑路面)引发的事故只占很小比例[5]。自动化系统能够减轻驾驶员负担,并提供辅助驾驶,提高行车安全
天气	虽然雾、霾、灰尘、雨、雪、低角度日晒、黑暗等都会影响驾驶员的能见度,但 AHS 能降低天气和环境条件对驾驶安全的影响

续表

因素	优势
可移动性	AHS 能为所有驾驶员提供安全高效的交通体验,可为老年和新手驾驶员提供较高的可移动性
燃料消耗与排放	从短期看,由于减少了交通堵塞,车辆处于高效运行状态,车辆的节能减排可以达成。从长期看,AHS 能够支持未来车辆的驱动系统设计
土地使用	AHS 帮助人们有效地使用道路,使土地利用率更高
出行时间	AHS 可以减少城市的交通拥堵,并允许更高的巡航速度,从而减少出行时间
商业和中转效率	AHS 能够提供更高效的商业运输和中转操作。货运卡车能够实现更好的运输可靠性和中转业务的自动化,在增加客运量的同时,扩展了运输服务的灵活性和方便性

1.2.3　智能车辆

AHS 的实施需要智能车辆与之匹配。如今,汽车配备了越来越多采用传感器、执行器、通信系统和反馈控制的机电子系统,这些子系统的使用使得汽车变得越来越"智能"。过去 20 年里,固体电子学、传感器技术、计算机技术和控制系统的进步,使得智能交通系统有了可靠的技术保证。据文献统计[15],现在汽车通常需要 500 ~ 600 颗芯片,平均需要的传感器数量为 60 ~ 100 个,随着汽车向智能化、电动化发展,所需芯片数量仍有大幅增长的趋势[16]。

智能车辆控制是 AHS 应用中的关键部分,有多种不同的车辆控制系统正处于不断研发之中。在本书中,我们将主要介绍两个最基本的车辆运动控制系统,即纵向控制和横向控制。在介绍纵横向控制的最新研究之前,我们先简要介绍现阶段主流的与纵横向控制相关的机械电子反馈控制技术。

● 自动泊车系统（Automated Parking System，APS）能够协助或是替代驾驶员完成车辆停车入位的操作，能够在更小的空间内实现泊车操作。市场已经出现了一些产品，它们依靠汽车遥控钥匙或是安装在智能手机上的应用程序，在驾驶员的全程监控下，实现停车入位的操作。在近期，有望出现新一代系统，它们能够完全脱离驾驶员监控，通过与停车场的相关装置共同配合，减小操作风险，提高停车效率。最终，自动停车系统能够延伸到所有类型的停车操作。

● 自适应巡航控制（Adaptive Cruise Control，ACC）通过控制节气门和制动实现纵向控制，使得被控车辆和前车保持所期望的车距。ACC 的应用可以避免车辆追尾事故的发生，自营职业收入支持计划（Self-Employment Income Support Scheme，SEISS）研究表明，2010 年欧洲如果有 3% 的车辆配备了 ACC 系统，便可以减少 4 000 起事故[17]。根据美国道路安全保险协会（Insurance Institute for Highway Safely，IIHS）调查，这套 ACC 系统可以减少约 40% 的追尾事故。此外，美国国家公路交通安全管理局（National Highway Traffic Safety Administration，NHTSA）的研究显示，只要驾驶员能提前刹车 1 s，就能减少约 90% 的追尾概率。

● 横向控制包括车道偏离预警（Lane Departure Warning，LDW）和车辆换道辅助系统（Lane Change Assistant System，LCA）。如果驾驶车辆无意中偏离其所在车道，LDW 系统将提醒驾驶员；而 LCA 系统能够在车辆换道的过程中对障碍物进行检测。

● 防撞系统（Collision Avoidance，CA）与巡航控制系统类似，使车辆在前方无障碍物时保持恒定的期望速度行驶，如果前方出现障碍物，CA 系统将判断车辆运行速度是否安全，若否，将通过控制加速或者制动进行加速或减速，同时向驾驶员发出警告。

● 线控技术（Driven-by-Wire）通过利用机电执行器、人机交互接口（如踏板和转向传感器）的电子控制系统代替传统的机械和液压控制系统。电子技术的应用可提高驾驶性能、安全性和可靠性，同时降低生产和运营成本。一些新车型上已经采用了线控技术。

● 车辆导航系统(Vehicle Navigation System,VNS)通常使用 GPS 获取位置信息,并使用数字地图对使用者进行定位。通过使用数字地图,可为车辆提供导航信息。

● 车辆识别(Automated Vehicle Identification,AVI)和车辆定位系统(Automated Vehicle Location,AVL)。AVI 系统首次应用在电子不停车收费(Electronic Toll Collection,ETC)系统中,以确定通过收费站的车辆身份。目前大多数 AVI 系统依赖于无线射频识别,AVI 车辆上的应答器与收费口的天线通过专用短程通信(Dedicated Short Range Communication,DSRC)进行信息交互。而 AVL 系统将自动确定车辆的位置并将信息发送给请求者。通常情况下,GPS 和无线通信系统都是必需的。AVI 和 AVL 的使用,使得实时处理车辆位置信息成为可能。这些技术将在第 3 章中详细介绍。

1.3　自动驾驶国内外研究现状

1.3.1　研究项目

（1）美国项目研究现状

自动驾驶在美国拥有相对较长的发展历程,其间经历了多次波荡起伏。自动驾驶概念最早出现在 1940 年纽约世界博览会上由通用公司展示的 Futurama 原型。随后其发展经历了大致 4 个阶段。第一阶段是 20 世纪 50 年代,由通用汽车公司(General Motors Company,GM)与美国无线电公司(Radio Corporation of Amercia,RCA)合作提出的自动高速公路系统的概念。第二阶段,是由俄亥俄州立大学 Robert Fenton 教授带领的一系列研究工作,从 1964 年一直延续到 1980 年。第三个阶段是由加利福尼亚州运输部(California Department of Transportation,CALTRANS)和美国加州大学交通研究中心(The University of California Institute of Transportation Studies，UCITS）于 1986 年在伯克利创建高级运输和公路合作组织（Partners for Advanced Transit and Highways，PATH）项目为代表，现已成为交通运输研究中最富有成果的项目之一[18]，其主要研究领域包括自动驾驶、车辆与道路通信、交通安全、先进交通决策与管理、队列与车辆能耗和排放控制、深度学习与车辆感知等。1994 年之后，美国运输部启动了国家自动高速公路系统联盟计划（National Automated Highway System Consortium，NAHSC）。该联盟努力扩大该计划的专业知识和资源，并促进全自动化公路系统目标的实现。1997 年，NAHSC 在圣地亚哥进行了一次具有标志意义的展示，根据安装在道路中央的磁地钉的引导，8 辆全自动汽车排成紧密队列一起行驶，如图 1.4 所示。这次演示验证了 AHS 项目的可行性，在 AHS 项目的研究中具有重大意义。虽然此次展示表明了该项目的可行性，但也展示了自动驾驶是极为复杂的系统，需要巨大的投入，实现完全的自动驾驶需要一个长期的过程。此后，美国交通运输部（United States Department of Transportation，USDOT）逐步取消了对 NAHSC 的财政支持，转而致力于发展以短期安全为导向的技术开发。同样在 1997 年，智能汽车倡议计划（Intelligent Vehicle Initiative，IVI）开始执行，这是一个政府与业界相互合作，以加快安全性能的开发和商业化，以及驾驶员辅助系统为目的的计划。第四个阶段一直持续至今，其主要代表是美国国防部高级研

图 1.4 NAHSC 演示中的汽车队列

究计划局（Defense Advanced Research Projects Agency，DARPA）挑战赛，以及其后 Google 公司在 2010 年对外界发布的自动驾驶项目等，如图 1.5 所示。

图 1.5　Google 自动驾驶汽车

2016 年美国汽车工程师学会（Society of Automotive Engineers，SAE）发布了自动驾驶系统的等级划分，见表 1.2。

表 1.2　自动驾驶系统等级划分

自动驾驶分级	名称	定义	驾驶操作	感知监管	监控干预	道路和环境
L0	人工驾驶	由驾驶员完全驾驶汽车	驾驶员	驾驶员	驾驶员	任何
L1	辅助驾驶	车辆对转向盘和加减速中的一项操作提供驾驶，驾驶员负责其余的驾驶动作	驾驶员和车辆	驾驶员	驾驶员	限定
L2	部分自动驾驶	车辆对转向盘和加减速中的多项操作提供驾驶，驾驶员负责其余的驾驶动作	车辆	驾驶员	驾驶员	限定
L3	有条件自动驾驶	由车辆完成绝大部分驾驶操作，驾驶员需保持注意力集中，以备不时之需	车辆	车辆	驾驶员	限定
L4	高度自动驾驶	由车辆完成所有驾驶操作，驾驶员无须保持注意力，但应限定道路和环境条件	车辆	车辆	车辆	限定

续表

自动驾驶分级	名称	定义	驾驶操作	感知监管	监控干预	道路和环境
L5	完全自动驾驶	由车辆完成所有驾驶操作,驾驶员无须保持注意力	车辆	车辆	车辆	任何

第一级为驾驶辅助系统,比如自适应巡航控制、车道线保持技术等,已经应用于各种车辆上。最近报告显示,自引入自适应巡航控制到实车以来,经过 14 年的时间,新车市场渗透率达到 5% ,对驾驶员来说是非常有用的辅助系统。

第二级为部分自动驾驶,车辆不允许驾驶员的双手脱离转向盘。部分自动化系统近年已在一些车辆上使用,并将在未来几年内普及。

第三级为有条件自动驾驶,根据路况条件所限,必要时必须交由驾驶员驾驶,允许驾驶员将注意力暂时远离驾驶以参与其他活动,提供更高水平的驾驶员舒适性和便利性,但是,当系统达到其功能极限时,驱动器仍然需要在几秒钟内重新进行控制。

第四级为高度自动驾驶——自动驾驶系统完成所有驾驶操作,驾驶员可以不接管车辆。第四级车辆自动化包括各种需要单独考虑的功能集合。这些系统可以完全替代驱动程序(不需要驱动程序干预),但只在特定的有限条件下(Operational Design Domain,ODD)实现自动驾驶,比如:自动泊车系统、特殊运输方式的自动公共汽车、校园或行人专用区的低速自动驾驶等。

第五级为完全自动驾驶——无论任何路况、任何天气,车辆均能实现自动驾驶,即实现车辆自动驾驶。

（2）亚洲项目研究现状

在亚洲地区,随着汽车数量的增长,许多国家大城市的公路运输问题日益严重。为解决这些问题,以 ETC 为代表的一些技术首先得到应用,与此同时,也开展了 ITS 相关技术的研究。

1）中国的研究进展

由国家科技部资助的国家智能交通系统工程技术研究中心（National Intelligent Transport Systems Center of Engineering and Technology，ITSC）成立于1999年，致力于通过使用通信和信息技术提高行车安全和效率[19]。目前的研究项目涵盖领域从社会科学到技术，主要包括：电子不停车收费和短距离通信、交通数据分析、商用车的安全监测和预警技术、自动扫雪车、政策咨询与规划等。西安交通大学、清华大学、国防科技大学等高校已开展了一系列的自动驾驶车辆相关研究，并取得了大量成果。2009年以来，国家自然科学基金委员会主办了中国智能车未来挑战赛，其比赛项目有综合道路测试（包含道路避障绕行、交通灯识别、自主泊车等）和城区道路特定行驶（包含交叉路口识别、行人检测与停车让道等）。在2019年的比赛中，清华大学、西安交通大学等多支队伍参加了比赛。尽管是在无GPS的乡间泥泞小路，绝大多数的车也安全通过了。

在企业界，2018年，百度Apollo开放平台率领百余辆车，在无人驾驶模式下完成了"8"字交叉跑等动作，如图1.6（a）所示。2016年4月，长安汽车完成了从重庆到北京的2 000 km的自动驾驶路测，最高时速达120 km/h，实现了中国首次长距离自动驾驶系统测试。2017年7月，长安自动驾驶L4级技术代客泊车CS55在杭州上市发布会亮相，实现自动驶入、自动规划路径、自动搜索车位、自动泊车、自动驶出停车场五大功能，该技术计划将于2022年实现车型量产，如图1.6（b）所示。

（a）百度Apollo自动驾驶汽车　　　　　　（b）长安汽车自动驾驶汽车

图1.6　国内自动驾驶汽车

2）日本的研究进展

1973 年，日本通产省就开始着手汽车交通综合控制系统（Comprehensive Automobile Control System，CACS）的相关研究工作[20]。从 20 世纪 80 年代以来，已经进行了许多项目的研究，其中具有代表性的有：由建设省进行的路/汽车通信系统（Road/Automobile Communication System，RACS）。而后发展的高级道路运输系统（Advanced Road Transportation System，ARTS），其通过整合道路和车辆建立了整个道路交通的发展概念。同时也进行了与此相关的其他项目的研究，包括超级智能车辆系统（Super Smart Vehicle System，SSVS），推动汽车安全技术的研究和开发的高级安全车辆（Advanced Safety Vehicle，ASV），和促进社会基础设施信息系统（如交通信号和导航系统）发展的通用交通管理系统（Universal Traffic Management System，UTMS）等。在 2001 年"E-JAPAN 优先政策计划"中，ITS 被置于社会中关键要素位置，日本全国各地开始应用车辆信息与通信系统（Vehicle Information and Communication System，VICS）。2019 年，国土交通省和经济产业省共同在全国多个城市试点开展了一项名为"智能出行挑战"的智慧化出行推广项目，旨在通过向社会推广新型出行服务模式来解决交通从业者逐年减少的问题，同时促进地方的政企合作。

日本汽车工业协会对自动驾驶发展路线提出如下思路：2020 年之前，为自动驾驶技术的应用和引进期；2020—2030 年，为加大普及和发展期；2030—2050 年，为巩固和成熟期。面向这一发展路线，汽车行业不仅要推动技术开发，还要以产、官、学合作的方式推动法律建设、通信与数据提供基础设施、新一代交通环境建设等工作。其目的是通过自动驾驶技术实现"零事故""零拥堵""自由出行"与"高效物流"的目标。

（3）欧洲的项目研究现状

欧洲自 20 世纪 70 年代以来已进行了一些项目，其中，德国在 20 世纪 70 年代中期就开始实施驾驶员引导和信息系统。欧洲研究协调局（European Research Coordination Agency，EUREKA）在 1986—1994 年领导实施了欧洲高效率和安全交通计划(Programme for a European Traffic with Highest Efficiency and Unprecedented Safety,PROMETHEUS)。其目的在于提高行车安全和道路交通的管理。同时,欧洲车辆安全型专用道路设施(Dedicated Road Infrastructure for Vehicle Safety in Europe,DRIVE)项目和1990—1994年实施的DRIVE Ⅱ项目主要研究交通基础设施,如道路收费和停车换乘,以减少城市区域的交通负荷。这些方案已被近来实施的欧洲运输机动性计划(Programme for Mobility in Transportation in Europe,PROMOTE)和远程信息处理计划证明是成功的。1991年,欧洲道路运输通信技术实用化促进组织(European Road Transport Telematics Implementation Coordination Organization,ERTICO)成立,这是一个跨行业、公私合作的以发展和部署智能运输系统与服务为目的的组织[21]。最近几年实施的先进驾驶辅助系统(Advanced Driver Assistance Systems,ADAS)项目主要用于提高道路安全、效率和舒适性。其为该领域的专家、主管部门和公众之间的交流和传播提供了平台。

在此框架下,欧洲各国也在推进各自的研究项目,以法国为例,PREDIT项目以陆路运输的研究、实验和创新为目的,由分管科研、运输、环境和行业的部委以及国家环境能源管理局(Agence de l'Environnement et de la Maître de l'Énergie,ADEME)和国家研究推广局(Agence Nationale de Valorisation de la Recherche,ANVAR)共同负责实施[22]。自1990年起,PREDIT项目进行了3个阶段:第一阶段PREDIT 1(1990—1994年)主要致力于汽车技术创新;PREDIT 2(1996—2000年)涵盖领域较广泛,包括人类和社会科学的各个方面和运输服务组织等。PREDIT 3(2002—2006年)的研究内容主要针对货物运输、能源和环境问题,以及对多元化的安全性研究。成立于2001年的安全驾驶行动研究项目(Action de Recherche pour une COnduite Sécurisée,ARCOS)由大学和企业进行合作,旨在改善道路交通的安全性。PREDIT 4项目于2008年已开始实施,其目标是到2020年将能源效率提高20%,优先发展其他运输方式,并制定了生态税等措施。

世界上 ITS 发展的简要年表如图 1.7 所示。

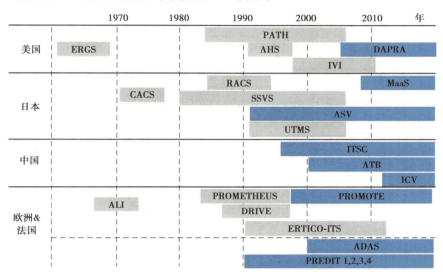

图 1.7　世界 ITS 发展简要年表

1.3.2　AHS 中车辆队列的控制结构

自动协同驾驶网络中的智能车辆队列需要完成的操作动作可分为分离、合并、跟随和改变车道等。AHS 中自动车辆的控制结构设计应致力于使车辆队列具有更好的灵活性，包括合并和变换车道操作的平滑过渡，为双方的安全和效率提供良好的兼容性。

PATH 在 1994 年提出了四层控制结构。该四层结构为：链路、协调、管理和车辆动力学。其中，链路层在路侧系统上，其他三层则位于车辆系统中[23]。该四层控制结构可视为近期新提出的控制结构的基础。2000 年，Horowitz 和 Varaiya，以及 PATH 的研究人员对四层控制结构进行了改进，在原四层控制结构的基础上增加了网络层，提出了五层控制结构[24]。同样在 2000 年，一组日本研究人员为先进车辆控制与安全系统（Advanced Vehicle Control and Safety System，AVCSS）提出了三层控制结构，即车辆控制层、车辆管理层和交通管理层[25]。这种控制结构以车辆结构为中心，能够使汽车系统得到更好的组织设计。

2005年，Halle在Tsugawa结构和PATH项目的基础上提出了一种新的三层控制结构体系[25,26]。该控制结构体系由引导层、管理层和交通控制层组成，如图1.8所示。该结构体系增加了车辆队列间的协调操作，比如队列内协调和队列间协调操作。

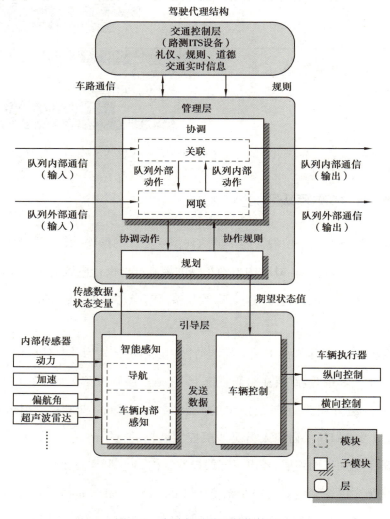

图1.8 自动驾驶分层结构体系

1.3.3　纵向控制

纵向控制和横向控制是车辆自动化的两个基本功能。研究人员和汽车制造商为满足自动高速公路系统的要求开展了大量汽车纵向控制研究开发工作[27-29]，通过使用线控节气门和制动控制器辅助驾驶员对车辆实现纵向控制，分为"自主"和"非自主"两类。自主系统意味着被控车辆需要的所有信息均由车载传感器进行采集，而车辆间的通信和车路之间的通信则需要非自主系统来完成。

纵向控制系统的设计面临着一系列挑战，如非线性车辆动力学、相关控制算法的设计、车辆间距策略、串稳定性、交通流的稳定性，以及车辆在所有车速工况下的运行情况等[30,31]。Guo 等人设计了一种基于神经网络技术的自适应估计方法来逼近自主车辆的模型不确定性[32]。Ganji 等使用滑模变结构控制方法对混合动力车辆纵向速度进行控制，并将结果与混合粒子群优化的比例-积分-微分（PID）控制方法进行对比[33]。Zhu 等提出了一种基于模型预测控制的地面自主车辆速度跟踪控制方法，实现了高精度速度控制任务[34]。马国成等为处理车辆跟随控制中车距与车速误差不易同步收敛的问题，设计了线性二次型调节器求解最优期望加速度，并通过仿真和实车试验对控制性能进行验证[35]。为解决车辆纵向控制中的这些难题，纵向控制系统的子系统可分别采用上位控制器和下位控制器进行分层控制，如图 1.9 所示。上位控制器决定被控车辆的期望加速度或速度，下位控制器决定跟踪期望加速度或速度所需的节气门和制动命令[29,36]。李文昌等针对智能电动汽车的纵向控制在不确定性干扰下存在非线性和强时变特征，提出一种分层控制架构下的智能电动汽车纵向跟车运动自适应模糊滑模控制方法。根据经典力学理论建立表征智能电动汽车纵向行为机理的动力学系统模型，并进一步构建智能电动汽车纵向跟车运动分层控制构架。上层控制根据本车与前车的行驶状态信息得出期望加速度滑模控制律，进而利用自适应模糊系统替代滑模切换项以改善控制性能；下层控制通过设计驱动/制动切换策略以提高行驶舒适性,然后基于逆动力学模型实时求解期望控制力矩以跟踪期望加速度。为验证所提方法的有效性,在不同行驶工况下进行的仿真试验结果表明,该方法能实现本车平稳准确地跟随前车行驶,且对前车加速度的干扰具有鲁棒性[37]。

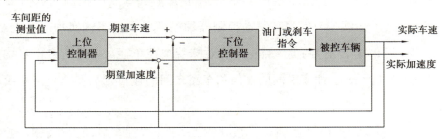

图 1.9　两层结构的纵向控制

（1）下位控制器

车辆纵向动力学中的非线性和不确定性是节气门和制动控制器设计面临的主要挑战,许多研究者和汽车制造商从不同角度对车辆纵向控制进行了大量研究。从 20 世纪 70 年代到 80 年代,出现了一些关于汽车发动机控制系统和制动系统的研究[38-42]。随后,第一代发动机控制系统以及制动系统的控制方面均取得了重大的进展[43,44],如制动防抱死系统（Anti-lock Braking System,ABS）现已经被汽车行业广泛采用。

从 20 世纪 90 年代以来,在上述研究结果的基础上,结合节气门和制动控制的汽车纵向控制的研究逐渐增加并且备受青睐。Ioannou 和 Chien 提出了具有固定增益和增益调整的 PID 控制器以及用于车辆纵向控制的自适应控制方法,使用准确的全阶非线性纵向模型进行模拟仿真并进行实车试验,结果表明模拟与试验的结果能够较好吻合[45]。然而,要使用这些控制器,首要条件是必须建立一个准确的节气门开度的车辆速度和位置模型,要得到这个模型,需要通过进行大量的实验来确定所需要的参数。然而,在很多情况下,这些数据是不公开的。韩国汉阳大学的研究团队在对车辆走停巡航控制系统的研究中,设计了前馈和 PI 反馈相结合的下位控制器,该控制器可以控制车辆跟踪期望加速度,系统响应速度较好,但对车辆动力学模型的参数不确定性及外部干扰的鲁棒性较差[46]。

　　Gerdes 和 Hedrick 等人提出了一种基于多滑模面控制的发动机和制动控制系统[47],该系统由三个基本要素组成:根据车辆加速度合成输入的上层滑模控制器;选择加速或制动控制的切换逻辑;控制发动机和制动操作的下位滑模控制器。但基于上述模型的方法需要精确的发动机和制动系统动力学模型作为前提。研究表明,与人类驾驶相比,纵向系统可以平滑车辆加速踏板和制动踏板的操作,从而可以提高燃油经济性[48]。此外,对混合动力汽车和电动汽车的研究还表明,纵向控制算法对燃油经济性和行驶里程的改善[49]。此外,加州大学伯克利分校的研究团队针对车辆纵向动力学模型存在的非线性和不确定性等特性,采用滑模变结构控制方法设计了纵向控制下位控制器[50]。韩国全北国立大学的 Liang 等在对车辆制动系统的研究中采用变参数滑模控制方法设计了制动控制系统的下位控制器,并通过车辆状态估计滑模控制器的系数[51]。

　　模糊逻辑控制也可以用于车辆纵向控制。Naranjo 等设计了两个单独的模糊控制器分别控制加速踏板和制动踏板来执行 ACC 和走/停动作[52]。为了避免这两个踏板同时动作,必须通过两个控制器的隶属度函数值进行界定。系统采用了固定车头时距策略来确定被控车辆与前车的距离。该系统在两车队列中开展了实验验证,结果表明该自动车辆和人为驾驶的表现极为相似,并且能够自适应速度的变化。

（2）上位控制器

　　上位控制器的作用是确定被控车辆的期望加速度或速度,其首要设计任务包括间距策略及其相关控制算法的设计。间距策略用于使被控车辆与前方车辆保持期望间距[28,31],通常希望的间距是车辆速度的函数,但也可以是一个固定的距离或者是其他变量的函数,如被控车辆与前车之间的相对速度。由于它对车辆安全性和通行能力具有较大影响,在车辆纵向控制系统中具有重要作用。间距策略及其相关的控制算法可以从串稳定性、交通流稳定性和交通流量等方面进行评估[31,53]。

在早期的研究中已有多种间距策略被提出[28-30,54-55]。从交通容量角度考虑,建议车间距为固定间距 1 m[54],如果采用这样紧凑的固定车间距构成车辆跟随模型,将大大提高道路的通行能力。然而,研究表明车辆控制器需要获取车辆队列中头车的信息以保证队列的稳定性[30,36]。因此,需要车间通信为跟随车辆提供头车状态。目前,研究人员和汽车制造商最常用的间距策略是固定车头时距(Constant Time Gap,CTG)策略[28],与固定间距策略不同,CTG 策略不需要车间通信就能够实现车辆的跟随。目前已有很多研究工作是基于 CTG 间距策略开展的。此外,部分制造商也推出了基于 CTG 策略的巡航系统[27,55-57]。但是,CTG 策略的使用仍存在一些问题:

①使用 CTG 策略,目前的巡航控制系统不适合高密度的交通状况,并且运行速度应当高于 40 km/h[27]。

②使用标准 CTG 策略,难以保证交通流量的稳定性[53]。

Yi 等人在进行车辆走停巡航控制系统的上位控制器研究时,采用线性二次型最优控制理论设计了应用于走停巡航控制系统的上位控制器,考虑到车辆乘坐舒适性,设定了期望加速度的上下界[46]。

1.3.4　横向控制

车辆偏离车道是引发致命交通事故中的重要因素之一。据统计,美国每年由于车辆偏离车道导致的死亡人数超过 25 000 例,占美国公路交通事故总死亡人数的 60%,其中,弯道事故率是直道的 3 倍[58]。车辆横向控制系统为车辆的转向控制问题提供了一个可行的解决方案,它能够根据道路参考系和车载传感器感知道路中心线,并决定转向控制命令,控制车辆沿期望路径行驶,或者将车辆引导到相邻车道。车辆横向控制的设计要求是确保较小的横向误差和相对小的横摆角度,同时保持车辆在不同驾驶条件下的乘坐舒适性。

车道保持和车道变换是车辆横向控制系统的两个基本功能[59],到目前为止,车道保持辅助已经大大地改善了车辆的主动安全性,而车辆换道辅助仍需进一步突破，因此，在自动驾驶实现过程中需要鲁棒性较强和高精度的横向控制器。车道保持系统会自动控制车辆转向，以保持车辆在其车道行驶或者沿着车辆周围的曲线行驶。车道保持的问题可以看作如何减少车辆偏移车道线的偏移量，Fenton 和 Selim 采用优化设计方法设计了速度自适应横向控制器，该控制器为速度的非线性函数，需要全状态反馈，因此设计了状态观测器[60]。许庆等人面向网联车辆控制系统，关注随机通信丢包或时延下的量化控制器设计问题，将存在不可靠通信条件的系统建模为跳变系统，提出适用于非理想通信环境下的网联车辆控制方法，以及基于线性矩阵不等式的控制器求解方法，保证系统的稳定性[61]。在文献[62]中，根据车辆与参考车道线间的横向位置误差和侧偏角误差生成的期望横摆角速度，并设计了 PI 控制器用于减小车辆实际横摆角速度与期望横摆角速度间的误差。在文献[63]中介绍了 3 种基于视觉的横向控制策略：超前滞后控制、全状态反馈以及输入—输出线性化，并开展了一系列的对比实验。尽管这些独特的基于模型的控制方法能够获得可以接受的控制结果，但是它们的性能对于模型的不匹配和非模型动态因素很敏感。明尼苏达大学的 Rajamani 等基于智能车非线性运动学模型，采用输入状态反馈的线性化方法，设计了无预瞄和有预瞄的横向控制系统，并对比证明了带有预瞄的横向控制系统优于无预瞄横向控制系统[36]。此外，还有一些较为复杂的控制方法，如滑模控制器[64]、H_∞ 无穷控制器[65]、模型预测控制器[66]和自适应控制器[67]，然而这些控制器对于车辆的实时嵌入式系统而言均显得过于复杂。

车辆换道系统能够自动操纵车辆从当前车道换至相邻车道。其实，当横向传感器可以在两车道之间测量车辆位置时，换道和车道保持动作几乎是完全相同的。一种主要的解决方法是前视横向参考/感知系统（如机器视觉系统），它能够获取较大范围的车辆横向位移。根据测量结果，横向控制器可以模仿人类驾驶员来执行车道变换动作[63,68]。王荣木团队将横向控制研究作为确定性最优控制问题，以 Ackerman 原理为基础搭建了视觉导航式智能车辆运动状态方程，从而设计了横向最优控制器[69]。然而，机器视觉系统的可靠性很容易受到光和天气等条件变化的影响。下视横向参考/感知系统(如安装在高速公路中的磁道钉)是一种更为可靠的感知方案,但不足之处是传感器的量程偏小。在这种情况下,车道变换控制问题变得更加复杂,因为横向传感系统无法检测到两个车道,而车辆必须在看不到道路参照系的情况下移动一定的距离。

为了解决这个问题,研究人员设计了虚拟期望轨迹(Virtual Desired Trajectory,VDT)为车辆在换道过程中提供参考,设计中需要考虑乘客舒适性和过渡时间。对于 VDT 有四种可选轨迹:圆形轨迹、余弦轨迹、五阶多项式轨迹和梯形加速度轨迹,这四种轨迹采用过渡时间作为性能指标,横向加速度及加速度冲击作为约束,车辆速度作为设计参数进行评价。其中,梯形加速度轨迹的优势更明显[23,70]。通过使用 VDT,车道变更动作便可作为车道跟踪问题来研究。因此,可考虑使用统一的控制算法来执行车道保持和换线的跟踪任务,以使横向控制系统更简单和更紧凑。Chot 针对自主车辆的横向控制问题,提出了一种基于线性矩阵不等式(LMI)的 H_∞ 无穷控制算法,该算法利用侧偏移和目标横摆角的反馈,有效地实现了前视和下视传感器的融合,为验证该控制器的性能,在多体动力学中进行了车道变换和循环车道跟踪仿真。针对位置和偏航角的均匀随机噪声以及质量和转弯刚度的建模不确定性,将所提出的算法的鲁棒性与目标车道上的三次曲线法和航向角方法进行了比较[71]。

1.3.5　纵向与横向联合控制

对于自动高速公路上的自动驾驶车辆而言,我们希望实现纵向与横向的联合控制。有两种类型的组合方法:非耦合控制和耦合控制。非耦合控制方法不考虑纵向与横向动力学之间的耦合效应,设计的纵向与横向控制器是完全独立的。因此,可以通过简单地组合两个单独的控制器而获得全局控制器。而在耦合方法中,两个运动之间的耦合效应不能被忽略,控制器设计需要考虑耦合效应。显然,考虑了两个运动的耦合效应之后,控制器的设计任务比非耦合情况下更为复杂。

Wijesoma 和 Kodagoda 在类似高尔夫球车的自主引导车辆（Automated Guided Vehicle，AGV）上开发了非耦合模糊控制系统[72,73]，他们的研究没有明确考虑车速与转向角（及角速度）之间的耦合效应，车速和转向控制器相互独立。通过在 AGV 样机上对所提出的模糊控制系统进行了广泛的测试，证明即使同时进行速度和转向操作，其运行结果都是令人满意的。但是，其速度的变化范围为 3～7 m/s，显然，这个速度变化对于高尔夫球车是足够的，但是对于高速公路车辆来讲还远远不够。Bom 等提出了城市车辆的全局控制策略，纵向控制和横向控制采用非线性完全解耦控制理论[74]。然而，在他们的仿真和实验中，最高速度均低于 25 km/h，这对于城市车辆有一定可行性，但对于高速公路车辆仍有较大差异。

与此相反，也有学者提出了一些耦合解决方案。Lim 和 Hedrick 考虑了车辆纵向和横向动力学中存在的耦合效应，提出了一种滑模控制器以实现车辆的自动跟随，通过仿真和现场试验对该方法进行了验证，并与 PID 控制器进行了比较[75]。文献[76]和[77]中采用滑模控制和反演控制方法对自动车辆在低速（$v<60$ km/h）情况下进行了研究。文献[78]考虑了纵向和横向两种模式之间耦合，提出了基于模糊控制律的 T—S 模型，"虚拟挂钩"的策略被用于纵向和横向控制器的设计。仿真结果表明，纵向间距误差小于安全距离的 5%。然而，定向误差（跟随车和头车之间的定位误差）为 40% 以上，可额外增加通信系统作为限制该定位误差的解决方案。为了控制智能车辆在参数不确定、耦合动力学和外部扰动的情况下的横向和纵向运动，Guo 等人提出了基于反步的变结构控制策略，保证了跟踪误差的全局一致最终有界。仿真结果表明，该控制策略具有较强的鲁棒性和良好的跟踪性能[79]。Lee 等人通过退步算法设计了耦合鲁棒自适应综合控制系统[80]。Garcia 等人采用模糊逻辑设计了整车控制器，并开展了实车试验[81]。Kumarawadu 等人采用神经网络优化的 PD 控制器设计了横纵向整车综合控制器，在整车控制中取得了较好的仿真结果[82]。Chen 等人针对多车道和周边多车辆的高速公路环境，设计了分层混合控制系统，来实现智

能车的高度自动化驾驶。该系统上层使用有限状态机(Finite-State Machine,FSM)模型,根据相对位置的识别和纵向距离的预测来选择驾驶行为;下层采用模型预测控制(Model Predictive Control,MPC)算法实现车辆横向与纵向的综合控制[83]。

国内的智能车横纵向综合控制方法研究也较多且成果丰富。李以农等结合滑模和动态表面控制方法构建了整车综合控制系统,仿真验证结果表明该方法比独立横、纵向控制系统的控制精度更高[84,85]。赵津等基于模糊控制逻辑设计的横纵向控制器的控制精度较高[86]。任殿波等采用有限时间滑模趋近率研发了车辆换道的整车控制系统,仿真结果表明该控制系统控制下的车辆换道误差极小[87]。张琨等设计了一种智能车自主循迹的控制策略,主要包括模糊神经网络的车速控制与转向控制,并设计了基于神经网络预测的期望车速预测控制器[88]。胡平等利用反演变方法以及耦合动力学设计了整车控制系统,该控制系统具有强的鲁棒性和稳定性[89]。赵盼等设计了一种自适应PID整车控制器并运用于中科大智能车上并在无人车挑战赛取得良好的成绩[48]。郭景华等设计了由协调控制律和控制分配律所组成的非奇异滑模协调综合控制系统[49,90]。

1.4 总 结

本章回顾了车辆自动控制的发展历程。首先,介绍了目前的交通状况和存在的问题背景;其次,简要介绍了被认为是最有前途的交通问题的解决方案:智能交通系统、自动高速公路系统和智能车辆;最后,对典型项目进行了评价并详细介绍了车辆纵向和横向控制的发展。

车辆自动控制任务可分为两部分:纵向控制和横向控制。车辆纵向控制系统被设计为包括上位控制器和下位控制器的分层结构。纵向控制器的设计需要满足不同的要求,如在车辆纵向动态中的非线性、车辆的安全性、串稳定性、交通流稳定性、通行能力、驾驶舒适性等。在横向控制设计中，考虑了车辆横向动力学的复杂性、参考车辆系统、不同的操作方案的选择、乘坐舒适性是目前存在并急需要解决的主要问题。最后，车辆纵向和横向控制的耦合效应也是需要考虑的问题。

　　在下面的章节中，我们将建立一个完整的整车动力学模型，然后为实现车辆驾驶设计不同的控制策略。

第2章　自动高速公路系统的车辆建模

2.1　简　介

车辆动力学建模是设计控制系统的第一步。显然车辆系统动力学是一个复杂的系统,其中包括很多非线性部件(轮胎、离合器等)和变化的参数(质量、轮胎、路面摩擦系数等)。车辆动力学的建模基本上取决于轮胎/道路产生的相互作用力以及车辆的相关零部件。

首先,对于轮胎的受力,已经有很多相关研究。例如,Pacejka 开发了一系列轮胎设计模型(也称为"魔术公式"),并将这些模型整合到车辆模型中,对轮胎如何影响车辆进行了阐述[91]。Gim 和 Nikravesh 利用有限元法对轮胎模型做出了一系列详细的分析[92-94]。

其次,为了得到车辆动力学模型,必须考虑一系列的车辆零部件:轮胎、悬架、转向系统、横向稳定杆等。而所选零件的多少会影响车辆模型的准确性与复杂性。通常,我们需要在准确性和复杂性之间找到一个折中方案。

研究人员以及汽车制造商在车辆动力学建模方面都开展了不同层次的研究。一般来说,模型的复杂性和准确性取决于其使用目的[95-98]。其中最复杂的一个模型为文献[99]中提出的具有 28 个自由度的模型,包括了车辆各部件。文献[100]中提出了一种具有 18 个自由度的复杂模型,模型考虑了车身刚体动力学,悬架动力学以及车轮的动力学等。现阶段,最常用的是六自由度的车辆模型,这种模型能描述车辆的基本运动。其主要运动具体如下:三个沿着 x,y 和 z 轴的平移运动和绕着这三个轴的回转运动(侧倾-俯仰-横摆)。

根据早期的文献,车辆的模型可以分为三个类型[98]:车辆的纵向模型、车辆的横向模型、车辆的纵向和横向的耦合模型。

在本章中,我们将分析车辆的运动原理,建立车辆的纵向模型和横向模型,最终的模型将会用于后面章节中控制系统的设计。

2.2　车辆运动原理和纵向与横向车辆模型

2.2.1　车辆运动原理

车辆的运动原理可以用车辆固定坐标系的六自由度系统来描述,包括了三个正交坐标系 x-y-z 的平移和旋转,如图 2.1 所示。

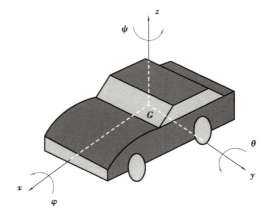

图 2.1　车辆六自由度模型

（1）平移

①纵向运动:沿着 x 轴的运动。

②横向运动:沿着 y 轴的运动。

③法向运动:沿着 z 轴的运动。

（2）旋转运动

①侧倾角 φ：绕着 x 轴的旋转。

②俯仰角 θ：绕着 y 轴的旋转。

③横摆角 ψ：绕着 z 轴的旋转。

2.2.2 纵向与横向模型

轮胎动力学是车辆动力学的基本要素之一。来自路面的力和力矩作用在车辆的每一个轮胎上，对车辆的动力学特性有很大的影响。由于轮胎压力、尺寸、路况、天气状况等重要参数会随时间产生变化，轮胎的建模变得十分困难。

最著名的轮胎模型之一是由 Pacejka[91] 提出的轮胎"魔术公式"模型。该模型提供了一种计算轮胎纵向力和横向力以及回正力矩的方法，适用于较为广泛的工况，包括大侧偏角、滑移率以及纵向力与横向力耦合等工况。

此外，Gillespie[101] 提出了"摩擦椭圆"的概念。结果表明，轮胎的牵引力是有限的，因此，横向力和纵向力之间必然存在一定的关系。这种关系通常用摩擦椭圆的概念来表示，如图 2.2 所示。显然，轮胎的纵向运动和横向运动之间存在耦合现象。因此，车辆的纵向运动和横向运动也必然是耦合的。

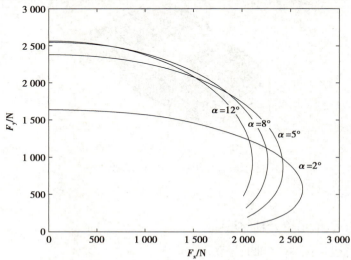

图 2.2　摩擦椭圆代表在不同侧偏角下纵向力与横向力的关系

　　然而,在较小的速度变化和转向角情况下,可以对两种运动的动力学进行解耦。因此,车辆的控制问题可以简化为两个独立的任务:纵向控制和横向控制。事实上,许多科研人员已经为解耦做出了很多成果[98,102-105],并且已在自动驾驶车辆原型和车辆队列实验中进行了测试[72,75]。

　　通过使用独立模型代替复杂的耦合模型,我们可以更好地理解每个模型在车辆动力学中的作用,更容易分析车辆动力学中的不同现象。在下一节中,我们将分别介绍车辆的纵向和横向模型,并将提出的模型通过仿真实验进行验证。

2.3　车辆纵向动力学建模

　　车辆纵向动力学主要包含两个部分:纵向动力学和传动系统动力学。纵向主要受纵向轮胎力、空气阻力、滚动阻力等作用力的影响。这些力的建模将会在2.3.1小节讨论。传动系统动力学包含很多子系统的动力学,例如内燃机、变矩器、变速器和轮胎。这些部分将会在2.3.2小节中讨论,最后车辆纵向动力学模型将在2.3.2小节(6)中建立,是前面两个小节分析工作的总结。

2.3.1　纵向动力学

(1)简单的车辆模型

　　如图2.3所示,车辆可以被视为一个沿倾斜道路移动的刚体。在每个车轴上,车轮接触点上的力可以被分解为一个法向力和一个纵向力,作用在车辆上的其他外力包括空气阻力、滚动阻力、重力等,具体内容将在下面进行描述。

　　由车辆纵轴线的力学平衡可得:

$$m\ddot{x} = F_{xf} + F_{xr} - F_{aero} - R_{xf} - R_{xr} - mg\sin\alpha \qquad (2.1)$$

式中　F_{xf}——前轮纵向力;

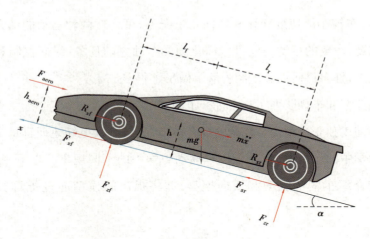

图 2.3　倾斜道路上的车辆

F_{xr}——后轮纵向力；

F_{aero}——等效的纵向空气阻力；

R_{xf}——前轮滚动阻力；

R_{xr}——后轮滚动阻力；

m——车辆质量；

g——重力加速度；

α——道路倾斜角。

（2）轮胎纵向力

1）滑移率

滑移率这一概念被广泛应用于轮胎纵向力的计算。滑移率表示车轮轴处的实际纵向速度 v_x 和轮胎的等效转速 $r_{eff}\omega_w$ 之间的差异比率。滑移率的值随车辆运动状态的变化而变化。

当车辆处于牵引状态时（$r_{eff}\omega_w - v_x \geqslant 0$）：

$$s_x = \frac{r_{eff}\omega_w - v_x}{v_x} \tag{2.2}$$

当车辆处于制动状态时（$r_{eff}\omega_w - v_x < 0$）：

$$s_x = \frac{r_{\text{eff}}\omega_{\text{w}} - v_x}{r_{\text{eff}}\omega_{\text{w}}} \tag{2.3}$$

式中　s_x——滑移率；

　　　v_x——实际纵向速度；

　　　r_{eff}——旋转轮胎的有效半径；

　　　ω_{w}——车轮的角速度。

2）轮胎纵向力表达式

轮胎纵向力 F_{xf} 和 F_{xr} 都是地面作用于轮胎上的摩擦力。假设轮胎与路面干燥，法向力为定值，此时轮胎纵向力随滑移率变化的典型曲线如图 2.4 所示。从此图中可以发现，当滑移率很小时，一般指在（-0.1 ~ 0.1）范围内，正常行驶工况下的轮胎纵向力与滑移率成正比。在小滑移区，轮胎纵向力可以表达为：

$$F_{xf} = C_{sf}s_{xf} \tag{2.4}$$

$$F_{xr} = C_{sr}s_{xr} \tag{2.5}$$

式中　C_{sf}, C_{sr}——前、后轮胎的纵向刚度；

　　　s_{xf}, s_{xr}——前、后轮胎的滑移率。

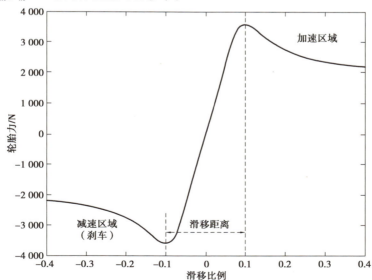

图 2.4　纵向轮胎力与滑移率的函数关系

（3）空气动力

汽车行驶时，车辆外形会产生空气阻力，该阻力可以用一个作用于重心的等效力来表示，如式（2.6）所示：

$$F_{aero} = \frac{1}{2}\rho C_d A_F (v_x + v_{wind})^2 \tag{2.6}$$

式中　ρ——空气密度；

　　　C_d——空气阻力系数；

　　　A_F——车辆的正面投影面积；

　　　v_x——车辆的纵向速度；

　　　v_{wind}——空气速度（逆风时为正值，顺风时为负值）。

（4）滚动阻力

在轮胎静止且其与平坦路面接触的情况下，则接触面中的压力分布将前后对称。所产生的法向力 F_z 作用在接触面的中心 C，因此不会产生沿轮胎旋转轴的扭矩。

然而，在轮胎旋转的情况下，正常轮胎力的分布是非对称的，如图 2.5 所示。法向力将产生滚动阻力力矩：

$$T_y = F_z \Delta x \tag{2.7}$$

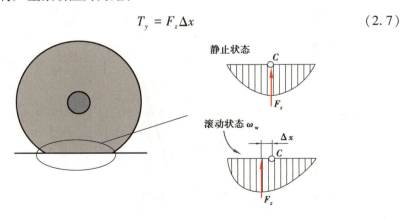

图 2.5　非回转和回转轮胎的压力分布

通常变量 Δx 很难被测量，且滚动阻力大致与每个轮胎的法向力成比例，例如：

$$R_x = R_{xf} + R_{xr} = f(F_{zf} + F_{zr}) \tag{2.8}$$

式中　R_z——车辆的滚动阻力；

R_{xf}, R_{xr}——分别作用于前、后轮的滚动阻力；

F_{zf}, F_{zr}——分别作用于前、后轮的法向力；

f——滚动阻力系数。

根据上述分析，发现对于滚动的轮胎而言，抑制滚动运动的因素为滚动阻力力矩，而不是滚动阻力。事实上，滚动阻力不是真实存在的。但是，为了便于对纵向力的分析，我们使用了"滚动阻力"的概念，它可以直接从滚动阻力系数中获取，代替阻力力矩。

（5）法向轮胎力

轮胎的法向力由图 2.3 计算可得，其中 F_{zf} 和 F_{zr} 分别表示作用在前、后轮上的法向力。假设作用在车辆的静态俯仰力矩为 0，即汽车的俯仰角是一个稳态值。那么可以得到关于前轮接触点的力矩方程：

$$F_{zr}(l_f + l_r) - F_{aero}h_{aero} - m\ddot{x}h - mgh \sin \alpha - mgl_f \cos \alpha = 0 \tag{2.9}$$

对 F_{zr} 求解：

$$F_{zr} = \frac{F_{aero}h_{aero} + m\ddot{x}h + mgh \sin \alpha + mgl_f \cos \alpha}{l_f + l_r} \tag{2.10}$$

同样的，后轮接触点的力矩方程可以写为：

$$F_{zf}(l_f + l_r) + F_{aero}h_{aero} + m\ddot{x}h + mgh \sin \alpha - mgl_r \cos \alpha = 0 \tag{2.11}$$

对 F_{zf} 求解：

$$F_{zf} = \frac{mgl_r \cos \alpha - f_{aero}h_{aero} - m\ddot{x}h - mgh \sin \alpha}{l_f + l_r} \tag{2.12}$$

对于式（2.10）和式（2.12），轮胎的法向力分布受车辆加速度的影响。当车辆加速时，前轮的法向力减小，而后轮的法向力增大。

（6）有效轮胎半径

由于轮胎是与路面接触的柔性体,在滚动过程中会受到法向载荷而变形,其有效半径通常略小于标称轮胎半径。如果车轮的转速为 ω_w,则轮轴的线速度为[106]:

$$v_w = r_{eff}\omega_w \tag{2.13}$$

式中 r_{eff}——旋转时有效轮胎半径。

如图 2.6 所示,$\Delta\varphi$ 为轮胎中心线与接触印迹起点的夹角;$2a$ 为接触印迹的纵向长度。可以得到:

$$a = r_0\sin(\Delta\varphi) \tag{2.14}$$

$$\cos(\Delta\varphi) = \frac{r_s}{r_0} \tag{2.15}$$

式中 r_0——无载荷时的轮胎半径;

　　　　r_s——负载或静态时的轮胎半径。

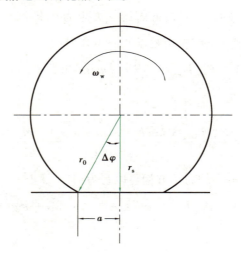

图 2.6   轮胎有效半径的计算

令 t 表示轮胎驶过与地面接触印迹一半距离的时间。可以得到[106]:

$$v_w = r_{eff}\omega_w = \frac{a}{t} \tag{2.16}$$

车轮的转速为：

$$\omega_{\mathrm{w}} = \frac{\Delta\varphi}{t} \tag{2.17}$$

因此

$$r_{\mathrm{eff}} = \frac{a}{\Delta\varphi} \tag{2.18}$$

将 a 代入式(2.14)：

$$r_{\mathrm{eff}} = \frac{r_0 \sin(\Delta\varphi)}{\Delta\varphi} \tag{2.19}$$

当 $\Delta\varphi$ 很小时，正弦公式和余弦公式接近于泰勒展开式的第一项：

$$\sin(\Delta\varphi) \approx \Delta\varphi - \frac{\Delta\varphi^3}{6} \tag{2.20}$$

$$\frac{r_{\mathrm{s}}}{r_0} = \cos(\Delta\varphi) \approx 1 - \frac{1}{2}\Delta\varphi^2 \Rightarrow \Delta\varphi^2 \approx 2\left(1 - \frac{r_{\mathrm{s}}}{r_0}\right) \tag{2.21}$$

式(2.19)可以写作：

$$
\begin{aligned}
r_{\mathrm{eff}} &= r_0 \frac{\Delta\varphi - \dfrac{1}{6}\Delta\varphi^3}{\Delta\varphi} \\
&= r_0\left(1 - \frac{1}{6}\Delta\varphi^2\right) \\
&= r_0\left[1 - \frac{1}{3}\left(1 - \frac{r_{\mathrm{s}}}{r_0}\right)\right] \\
&= \frac{2}{3}r_0 + \frac{1}{3}r_{\mathrm{s}}
\end{aligned} \tag{2.22}
$$

轮胎的法向载荷会影响静态轮胎半径：

$$r_{\mathrm{s}} = r_0 - \frac{F_z}{k_z} \tag{2.23}$$

式中　k_z——法向轮胎刚度。

2.3.2 传动系统动力学

在前面的讨论中,车辆的纵向动力学被描述为式(2.1),改写为

$$m\ddot{x} = F_{xf} + F_{xr} - F_{aero} - R_{xf} - R_{xr} - mg\sin\alpha$$

式中 F_{xf}, F_{xr}——前、后轮的纵向力,这是驱动汽车前进的主要动力。这两种力取决于驱动轮胎的滑移率(slip ratio),如 2.3.1 小节(2)所示,它由轮轴上的实际纵向速度 v_x 和轮轴上的旋转速度 $r_e\omega_w$ 之间差值决定。转动速度 ω_w 由车辆的传动系统产生。典型的车辆传动系统如图 2.7 所示,包括发动机、变矩器、变速器、驱动轴、主减速器和差速器等子系统。在本小节的其余部分,将讨论这些子系统的建模。

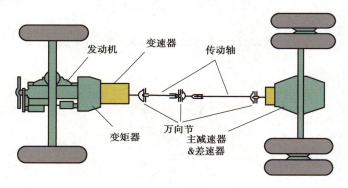

图 2.7 车辆传动系统

（1）发动机模型

公路车辆的发动机一般是内燃机。通常认为发动机的输出是发动机扭矩,它是包括空气/燃料比、废气再循环(ERG)、气缸总质量电荷、火花推进、发动机速度和传动系负载以及节气门开度的非线性函数。早期的研究已经提出了多种发动机模型[42,43,107]。但这些模型过于复杂,往往包含许多需要定义的参数,给发动机控制器设计带来不便。

参数发动机模型的一种常用替代方法是使用来自实验数据的映射表来替换几个参数函数。例如,内燃机的转矩 T_e 可以用角速度 ω_e 和节气门输入 $P_{th}(P_{th}\in$

$[0,1]$）的函数来表征：

$$T_e = \mathrm{Eng}(\omega_e, P_{th}) \tag{2.24}$$

在 MATLAB/Simulink 中，可以用查表法来描述 T_e, ω_e, P_{th} 之间的非线性关系，图 2.8 是一个发动机控制参数图的例子。

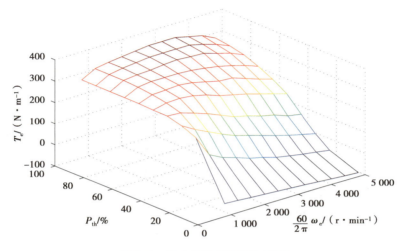

图 2.8　发动机控制参数的例图

（2）液力变矩器

液力变矩器是一种连接发动机和变速器的液力耦合器，主要由泵轮、涡轮和导向轮三部分组成。很多学者对液力变矩器进行了建模[43,108,109]。通常，液力变矩器的模型可以描述为一个基于经验数据的准稳态模型，可以写为：

$$i_{con} = \frac{n_t}{n_i} \tag{2.25}$$

$$\Psi(i_{con}) = \frac{T_t}{T_i} \tag{2.26}$$

$$T_i = \frac{n_i^2}{K^2} \tag{2.27}$$

式中　n_t——涡轮的旋转速度；

　　　n_i——泵体的旋转速度；

i_{con}——速率比；

Ψ——变矩系数；

T_t——涡轮转矩；

T_i——泵体的转矩；

K——容量因子。

图 2.9 为液力变矩器的框图模型。两个查表模块被用来将速率比 i_{con} 转化为变矩系数 Ψ 和容量因子 K。查表法所使用的数据可以从实验中获得,一般由供应商提供。

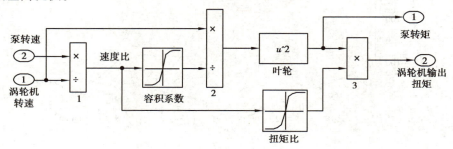

图 2.9 液力变矩器的框图模型

（3）变速器

1）基础齿轮传动

齿轮箱允许调整齿轮比。通过手动或自动变速,使得发动机可以在其最有效的区域工作的同时允许车辆以较大速度行驶。在我们的工作中,考虑了一个4 速自动变速器。设 R_g 为齿轮箱的传动比,R_g 的值取决于挡位。通常齿轮传动比定义为:

$$R_g = \frac{\omega_t}{\omega_s} = \frac{T_s}{T_t} \tag{2.28}$$

式中　ω_t, ω_s——涡轮和传动轴的角速度；

T_t, T_s——作用在传动轴上的涡轮转矩和驱动转矩。

2）换挡规律

换挡操作取决于车速和节气门开度(范围从 0 到100%)。如图 2.10 所示为一个 4 速换挡规律的自动变速器,由当前挡位和是否要升降挡位所决定,实线和虚线分别表示升挡和降挡阈值。

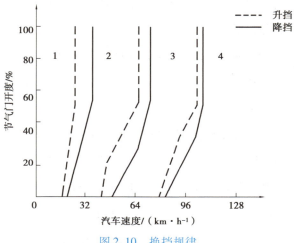

图 2.10　换挡规律

3)自动变速器的建模

自动变速器在 MATLAB/Stateflow® 建模。图 2.11 为自动变速换挡模型,这个模型包含两个子系统:阈值计算和换挡逻辑。阈值计算子系统接收节气门开度和当前齿轮数输入信号,然后计算车辆当前齿轮的升挡阈值速度和降挡阈值速度,将这两个阈值速度与当前车速结合后,转换为当前车速和升挡、降挡阈值速度比较的换挡逻辑子系统,然后由它决定是否进行加速或者减速的操作。

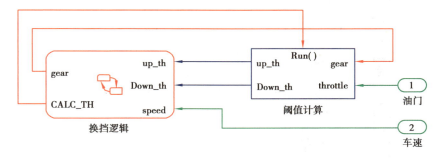

图 2.11　自动换挡控制模型

逻辑切换的建模是自动变速器建模的核心。变速器有数个固定齿轮,一般来说是 4 或 5 个。在确定的工况下，当前齿轮变换为另外的齿轮。因此，自动变速系统是一个有数个规定状态的典型从动系统。将有限状态机（Finite State Machine，FSM）理论应用于自动变速器系统的建模。MATLAB/Stateflow ® 为有限状态机的分析和建模提供了有利环境。

图 2.12 所示的 Stateflow 图表说明了换挡逻辑的功能。这个模型有两个平行状态（AND），命名为 gear_state 和 selection_state。gear_state 对当前齿轮状态进行跟踪，selection_state 负责齿轮选拔过程。

我们从 selection_state 齿轮切换逻辑模型的功能开始阐述。"during：CALC_TH""状态作用总是活动的，命令函数 CALC_TH 计算升挡或者降挡速度阈值作为齿轮和节气门的瞬态值的函数。同时，steady_state 模型将车辆当前速度与升挡、降挡速度阈值比较来判断是否需要进行换挡操作。如果换挡工况得到满足（图 2.12），就会输入一个确定的状态：提高挡速（upshifting）或者降低挡速（downshifting）。

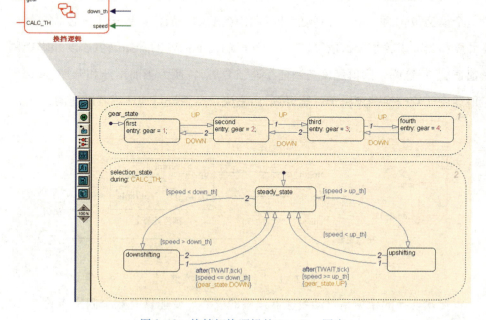

图 2.12　换挡切换逻辑的 Stateflow 图表

在一个确定的情形下,如果车速不再满足换挡条件,模型就会放弃换挡并且返回 steady_state。这就会阻止由于噪声干扰所引起的非期望的换挡。如果换挡条件在 TWAIT 时间段依然有效,并由函数 after(TWAIT,tick)决定,模型就会进入执行过渡时期,改变状态为 steady_state 并且同时完成一个换挡模式 UP 或者 DOWN。最后,这个换挡事件将会导致在 TWAIT 里的换挡操作。齿轮数值也会由此变化,这个值将会发送到 Threshold_Calculation 模块来计算下一个循环中新的速度阈值。

（4）传动轴，主减速器和差速器

1）传动轴

传动轴是传递力矩和转矩的机械部件。在汽车中,传动轴通常用于连接传动系的其他部件,这些部件由于距离或它们之间需要相对运动而不能直接连接,如图 2.7 所示。在我们的工作中,我们忽略了传动轴的柔性,将它视作刚性连接,传动轴的转速比和扭矩比始终为 1。

2）主减速器和差速器

在车辆传动系统中,主减速器的基本功能就是提供额外和固定的齿轮减速。纵置发动机中,常使用两种类型的齿轮作为主减速器减速齿轮:锥齿轮和蜗杆。对于横置发动机的汽车来说,主减速器的减速齿轮通常为螺旋小齿轮。此外,差速器包含在主减速器单元内,差速器可以通过三个轴来传递力矩和转矩,一个是与主减速器或者变速器副轴连接的输入轴,另外两个是驱动轮的输出轴。差速器可以让驱动轮的两个车轮以不同速度转动,并且为大多数车辆驱动轮提供相同的转矩。在我们的工作中,假设车辆在良好道路条件上行驶,两个驱动轮两边都有相同的附着力。因此,由差速器引起的车辆动力学变化可被忽略,主减速器的动力学方程可写为:

$$R_f = \frac{\omega_s}{\omega_w} = \frac{T_w}{T_s} \tag{2.29}$$

式中　R_f——主减速器的传动比;

ω_s——驱动轴的旋转速度；

ω_w——车轮的旋转速度；

T_w——驱动轮转矩；

T_s——驱动轴转矩。

（5）制动系统建模

图2.13为典型的汽车制动系统。前、后轮的制动器（碟式或者鼓式）通过导管和软管与制动主缸连接。当我们踩制动踏板时，实质上是推动主缸的活塞驱使液压油通过一系列的导管和软管进入每个轮子的制动单元里。

制动力矩近似与忽略制动失效的制动腔压力成比例[110,111]：

$$T_b = 2A_c P_c \mu_{br} r_{br} \tag{2.30}$$

式中 T_b——制动力矩；

A_c——制动腔隔板的有效面积；

P_c——制动腔压力；

μ_{br}——制动盘和制动片摩擦系数；

r_{br}——制动盘和制动片摩擦作用的有效半径。

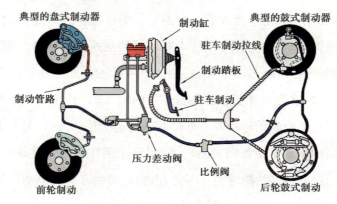

图2.13 典型的制动系统

令 $K_b = 2A_c \mu_{br} r_{br}$，是一个由车辆制动系统结构所确定的一个常数。这时式（2.30）可以简化为：

$$T_b = K_b P_c \tag{2.31}$$

考虑到导管和软管还有液压油的体积在制动周期的轻微差别,制动所需压力到制动腔压力的传递函数近似于一阶系统[110]:

$$P_c = P_d \frac{1}{1 + \tau s} e^{-sT_d} \tag{2.32}$$

式中　P_d——制动所需压力;

　　　　τ——制动系统瞬态响应的时间常数,$\tau = 0.01$ s;

　　　　T_d——制动系统的延时。

(6)纵向模型仿真

这节的目标是为了提出后面章节所需要的纵向模型的仿真,纵向模型需要考虑车辆纵向控制中最显著的现象。因此,我们建立了一个从发动机到变速器,再到轮胎和路的纵向车辆模型,如图 2.7 中所展示的传动系统。

(7)假设

为了在工作中建立纵向控制器模型,我们做出了以下假设:

①假设车辆在直线道路上行驶,并且车辆的横向运动不会影响到纵向运动,这意味着 $\delta = 0$,其中,δ 表示转向角。

②可忽略侧倾,俯仰和法向运动。

③可忽略风速。

(8)纵向模型

根据式(2.1)所表示的纵向动力学,再根据上个小节给定的假设,我们可以得到纵向动力学的新方程式:

$$m\ddot{x} = F_{xf} + F_{xr} - F_{aero} - R_{xf} - R_{xr} - mg \sin \alpha \tag{2.33}$$

令 $F_t = F_{xf} + F_{xr} - R_{xf} - R_{xr}$,表示牵引力。将式(2.6)代入 F_{aero},车辆纵向运动可以描述为:

$$m\ddot{x} = F_t - \frac{1}{2}\rho C_d A_F v_x^2 - mg \sin \alpha \tag{2.34}$$

然而,这个方程式是根据纵向牵引力而不是可控的发动机和制动力矩。由此,在2.3.2小节所讨论的传动系动力学应该被加在纵向动力学的表达式中,后驱车辆在加速行驶过程中,作用在车身和车轮上不同力的示意图如图2.14所示。

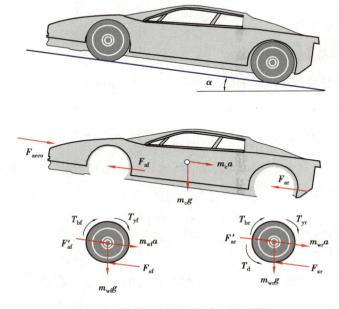

图 2.14 作用在车身和轮胎上的不同力

每个车轮可以得出一个转矩方程式:

$$- F_{tf}r_{eff} - T_{bf} - T_{yf} = J_{wf}\dot{\omega}_{wf} \tag{2.35}$$

$$T_d - F_{tr}r_{eff} - T_{br} - T_{yr} = \bar{J}_{wr}\dot{\omega}_{wr} \tag{2.36}$$

式中　F_{tf},F_{tr}——前、后轮的牵引力;

T_d——车轴上的驱动力矩;

T_{bf},T_{br}——前、后轮的制动力矩;

T_{yf},T_{yr}——前、后轮的滚动阻力力矩;

$J_{wf},\bar{J}_{wr}$——前轴惯量和与变速器发动机相连的后轴有效惯量;

ω_{wf},ω_{wr}——前、后轮的角速度;

r_{eff}——车辆的有效半径。

从式(2.35)和式(2.36)解出 F_{tf}, F_{tr}:

$$F_{tf} = \frac{1}{r_{eff}}(-J_{wf}\dot{\omega}_{wf} - T_{bf} - T_{yf}) \tag{2.37}$$

$$F_{tr} = \frac{1}{r_{eff}}(T_d - \bar{J}_{wr}\dot{\omega}_{wr} - T_{br} - T_{yr}) \tag{2.38}$$

注意到总牵引力 $F_t = F_{tf} + F_{tr}$，然后把式(2.37)和式(2.38)代入式(2.34)，可以得到:

$$m\ddot{x} = \frac{1}{r_{eff}}(T_d - T_{bf} - T_{br} - T_{yf} - T_{yr} - J_{wf}\dot{\omega}_{wf} - \bar{J}_{wr}\dot{\omega}_{wr})$$

$$- \frac{1}{2}\rho C_d A_F v_x^2 - mg\sin\alpha \tag{2.39}$$

为了简化分析过程，我们做了进一步的假设，即车辆不会发生滑移。严格来说，在 2.3.1 小节(2)中所假设的纵向牵引力取决于轮胎的滑移率，这个假设是不成立的。然而，在高速路驾驶中，我们一般都在较小加速度状况下操作，滑移率很小，因此轮胎的滑移被忽略也会是相对安全的。这种忽略滑移的假设在之前的研究中就提到过[112-114]。利用这个假设，我们可以得到:

$$\dot{\omega}_{wf} = \dot{\omega}_{wr} = \frac{\ddot{x}}{r_{eff}} \tag{2.40}$$

下一步涉及驱动力矩 T_d。考虑到是机械传动系统，T_d 可以这样得到:

$$T_d = T_e R_g R_f \tag{2.41}$$

式中　T_e——发动机转矩；

R_g, R_f——变速器和主减速器的齿轮齿数比。

然而，在我们的研究中，自动变速系统是液力变矩器，因此使用表达式(2.25)、式(2.26)和式(2.27)，车轴的驱动力矩可写为:

$$T_d = T_e \Psi R_g R_f \tag{2.42}$$

为了防止液力变矩器在一些模型中降低功率损耗而反锁，因此将液压传动考虑为一个机械传动系统，如表达式(2.41)所描述。

最后，我们假设滚动阻力或者制动力矩在前、后轴的分布规律是合适的。

我们对分布在车轴上的滚动阻力和制动力矩分布不均的影响不做考虑。我们定义 $T_y = T_{yf} + T_{yr}$ 和 $T_b = T_{bf} + T_{br}$，式(2.39)可以变为：

$$\ddot{x}\left(m + \frac{J_{wf} + \overline{J}_{wr}}{r_{eff}^2}\right) = \frac{1}{r_{eff}}(T_e \Psi R_g R_f - T_b - T_y) - \frac{1}{2}\rho C_d A_F v_x^2 - mg\sin\alpha$$

$$(2.43)$$

这个最终的方程式表示车辆纵向动力学。它同时考虑了发动机和制动的扭矩，并将在后面的章节中用于控制器的设计。

2.3.3　仿真分析

为了证实车辆纵向动力学正如式(2.43)所示，我们建立了一个如图2.15所示的车辆纵向动力学系统图。纵向传动系统的基本建模分别为发动机、液力变矩器变速器和主减速器。车辆纵向动力学的子系统为式(2.43)。系统的输入是节气门和制动力，输出是纵向速度。在仿真工作中，节气门的开度用百分比来表示，范围从0到100%，0表示关闭，100%表示全开。制动力矩和制动油压接近成比例如式(2.31)所描述，因此，我们用制动力矩作为输入参数，如果有必要的话，制动力矩以制动油压为准。

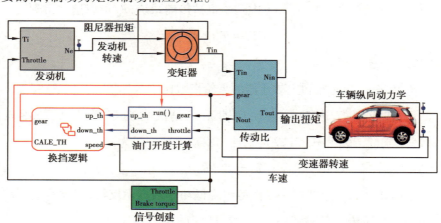

图2.15　车辆纵向系统图

　　我们执行加速踏板和制动踏板的操作来驱动试验车。首先,把加速踏板缓慢地从 0 踩至 70%,再从 70% 释放至 20% 后完全释放加速踏板,然后开始踩制动踏板让制动力从 0 到 400 N·m,接着,保持制动操作 15 s,最后,逐渐松开制动踏板。这个先加速然后减速的操作细节如图 2.16 所示。

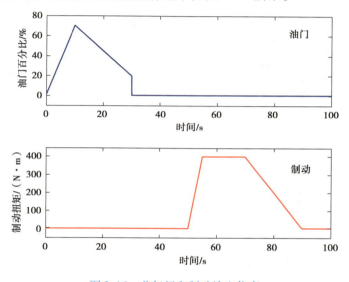

图 2.16　节气门和制动输入仿真

　　仿真结果如图 2.17 所示。图 2.17(a)显示了换挡过程,从中可以发现,自动变速器加速和减速过程中的换挡操作。在加速期,节气门开度和车速都在增加,变速器以下面的序列加速:$1^{st} \rightarrow 2^{nd} \rightarrow 3^{rd} \rightarrow 4^{th}$。然而,在减速期情况是相反的:$4^{th} \rightarrow 3^{rd} \rightarrow 2^{nd} \rightarrow 1^{st}$。如图 2.17(b)所示:加速阈值(实线)和减速阈值(虚线)分别表示升挡和降挡操作,加速和减速阈值由当前的齿轮数和节气门开度决定,注意加速阈值曲线在 15 s 到 63 s 出现了问题,这是因为变速器挡位此时一直在 4th,最高速挡位,在这个时段加速阈值变得无限大。

　　发动机转速如图 2.17(c)所示。发动机转速曲线的几个峰值都是因为换挡操作所造成的。图 2.17(d)和图 2.17(e)分别表示速度和加速度的演变。注意到加速曲线图中在 10.5 s 到 13.8 s 有两个突振。这两个振荡是在 $2^{nd} \rightarrow 3^{rd}$ 和 $3^{rd} \rightarrow 4^{th}$ 变速时造成的。

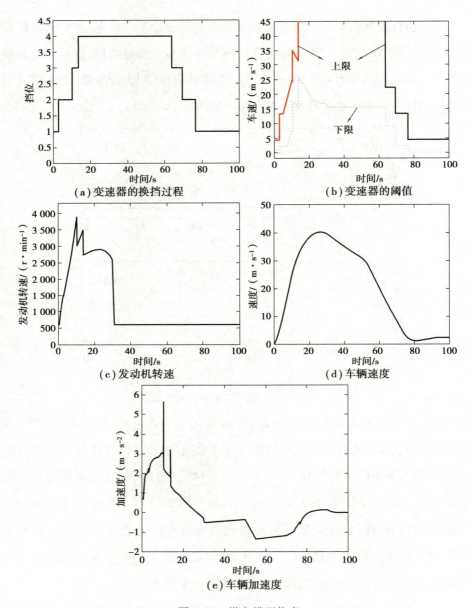

（a）变速器的换挡过程

（b）变速器的阈值

（c）发动机转速

（d）车辆速度

（e）车辆加速度

图 2.17　纵向模型仿真

　　上面所得到的结论都是合理的，这些可以反映出车辆在驱动过程中不同子系统的内部运动。因此，该模型将会在后面章节中用于车辆纵向控制器的设计。

2.4　横向车辆动力学的建模

2.4.1　横向运动学模型

车辆的运动学模型在不考虑外力的作用下提供了车辆运动的数学描述。我们仅考虑运动学模型方程中的几何参数。该模型可用于低速行驶,例如类车机器人。

车辆的横向运动可以简化为一个自行车模型。如图 2.18 所示,在以下的假设条件下:

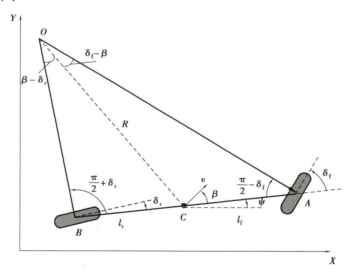

图 2.18　二自由度运动学模型

①前、后轮的速度矢量的方向分别在前、后轮的方向上,这意味着前后车轮侧偏角都为 0。

②一个车轴上的两个车轮都有相同的转向角。因此,我们可以把同轴的两个车轮合并成一个车轮,四轮车就被简化为一个两轮自行车模型。

在图 2.18 中,点 A, B 和 C 分别表示前轴、后轴中点和重心。点 O 表示车辆的瞬时转动中心。δ_f 和 δ_r 分别表示前、后轮的转向角。在前轮转向的情况下,参数 δ_r 可以设为 0。车辆重心的速度为 v,与车辆纵向轴有一个角度 β。角度 β 为车辆侧偏角。R 为车辆转弯半径。

我们用三坐标来描述车辆的运动:X,Y 和 ψ。X,Y 为重心位置的惯性坐标。ψ 为车辆的横摆角。因此,车辆横向运动的运动学模型为:

$$\begin{cases} \dot{X} = v\,\cos(\psi + \beta) \\[2mm] \dot{Y} = v\,\sin(\psi + \beta) \\[2mm] \dot{\psi} = \dfrac{v\,\cos\beta}{l_f + l_r}(\tan\delta_f - \tan\delta_r) \end{cases} \tag{2.44}$$

其中,车辆的侧偏角 β 表示为:

$$\beta = \tan^{-1}\left(\frac{l_f\tan\delta_r + l_r\tan\delta_f}{l_f + l_r}\right) \tag{2.45}$$

2.4.2 横向动力学

车辆在行驶至较高速时,每个车轮侧偏角为 0 的假设便不再成立。在这种情况下,运动学模型不能再继续使用,因此必须建立车辆横向动力学模型。

用二自由度的"自行车"模型来描述车辆横向动力学,如图 2.19 所示。二自由度为车辆横向位移 y 和车辆横摆角 ψ。该模型中运用两个坐标系:全局坐标系固定在地上,用 X,Y 轴表示。车身坐标系固定在车身上,用 x,y 轴表示,这个坐标系的原点 C 就是车辆的重心。点 O 是车辆瞬时转动中心。车辆的重心的纵向速度用 v_x 表示。

沿着 y 轴的运动根据牛顿第二定律可得:

$$ma_y = F_{sf}\cos\delta + F_{sr} \tag{2.46}$$

式中　a_y——车辆重心的惯性加速度。沿着 y 轴方向,$a_y = \dfrac{\mathrm{d}^2 y}{\mathrm{d}t^2}$。

　　F_{sf},F_{sr}——前、后轮的横向轮胎力。

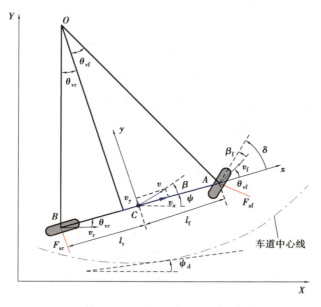

图 2.19　车辆横向动力学的二自由度模型

考虑到 a_y 由两个部分组成：沿着 y 轴的运动加速度 $\ddot{y}$ 以及向心加速度 $v_x\dot{\psi}$。因此

$$a_y = \ddot{y} + v_x\dot{\psi} \tag{2.47}$$

把式（2.47）代入式（2.46），横向移动的运动方程式可以写为：

$$m(\ddot{y} + v_x\dot{\psi}) = F_{sf}\cos\delta + F_{sr} \tag{2.48}$$

沿着 z 轴的力矩平衡方程为：

$$I_z\ddot{\psi} = l_f F_{sf}\cos\delta - l_r F_{sr} \tag{2.49}$$

式中　l_f, l_r ——前、后轮到车辆重心的距离。

假设车辆的转向角足够小，因此，$\cos\delta \approx 1$[①]，式（2.48）和式（2.49）可以写为：

---

① 在车辆高速行驶的工况下，小转向角的假设是合理的。在本书中，小转向角指 $\delta \in [-15°, 15°]$。

$$\begin{cases} m(\ddot{y} + v_x\dot{\psi}) = F_{sf} + F_{sr} \\ I_z\ddot{\psi} = l_fF_{sf} - l_rF_{sr} \end{cases} \tag{2.50}$$

因为横向轮胎力与侧偏角成正比,轮胎侧偏角是轮胎方向和车辆速度矢量方向的夹角,如图2.19所示,前、后轮的侧偏角为:

$$\beta_f = \delta - \theta_{vf} \tag{2.51}$$

$$\beta_r = -\theta_{vr} \tag{2.52}$$

式中 δ——转向角;

θ_{vf}——前轮速度矢量方向和车辆纵向轴的夹角;

θ_{vr}——后轮速度矢量方向和车辆纵向轴的夹角。

由于侧偏角的存在产生了一个正交于车轮行进方向的横向轮胎力(回转力)。这个横向力与较小的侧偏角近似线性相关,于是我们可以得到:

$$\begin{cases} F_{sf} = 2C_{af}(\delta - \theta_{vf}) \\ F_{sr} = -2C_{ar}\theta_{vr} \end{cases} \tag{2.53}$$

式中 C_{af}, C_{ar}——前、后轮的轮胎侧偏刚度。两个等式中的因数为2,是由于每个车轴上有两个车轮。

运用以下关系,可以计算 θ_{vf} 和 θ_{vr}:

$$\tan\theta_{vf} = \frac{v_y + l_f\dot{\psi}}{v_x} \tag{2.54}$$

$$\tan\theta_{vr} = \frac{v_y - l_r\dot{\psi}}{v_x} \tag{2.55}$$

利用角度很小时的近似值和 $v_y = \dot{y}$,可以得到:

$$\theta_{vf} = \frac{\dot{y} + l_f\dot{\psi}}{v_x} \tag{2.56}$$

$$\theta_{vr} = \frac{\dot{y} - l_r\dot{\psi}}{v_x} \tag{2.57}$$

把式(2.51),式(2.52),式(2.56)和式(2.57)代入式(2.50),车辆横向动力学的状态空间方程可以写为:

$$\dot{X} = AX + B\delta \tag{2.58}$$

式中　X——状态变量,$X = (y, \dot{y}, \psi, \dot{\psi})^{\mathrm{T}}$ 且

$$A = \begin{pmatrix} 0 & 1 & 0 & 0 \\ 0 & -\dfrac{2C_{\mathrm{af}} + 2C_{\mathrm{ar}}}{mv_x} & 0 & -v_x - \dfrac{2C_{\mathrm{af}}l_{\mathrm{f}} - 2C_{\mathrm{ar}}l_{\mathrm{r}}}{mv_x} \\ 0 & 0 & 0 & 1 \\ 0 & -\dfrac{2l_{\mathrm{f}}C_{\mathrm{af}} - 2l_{\mathrm{r}}C_{\mathrm{ar}}}{I_z v_x} & 0 & -\dfrac{2l_{\mathrm{f}}^2 C_{\mathrm{af}} + 2l_{\mathrm{r}}^2 C_{\mathrm{ar}}}{I_z v_x} \end{pmatrix}$$

$$B = \begin{pmatrix} 0 \\ \dfrac{2C_{\mathrm{af}}}{m} \\ 0 \\ \dfrac{2l_{\mathrm{f}}C_{\mathrm{af}}}{I_z} \end{pmatrix}$$

式(2.58)利用状态变量横向位移和横摆角建立了车辆动力学,但我们的任务是设计转向控制系统,更实用的做法是以相对于道路的位移和方向误差作为状态变量,建立动力学模型,因此,需要用新的状态变量重新定义式(2.58)。

定义以下变量为新的状态变量:

①e_1,车辆重心位置到道路中心的距离,如图 2.20 所示。

②e_2,车辆与道路的方向误差。

从以上的定义,可以得到:

$$e_2 = \psi - \psi_{\mathrm{d}} \tag{2.59}$$

式中　ψ_{d}——车辆期望横摆角(也就是道路的方向角)。

考虑到车辆是以固定的纵向速度 v_x 在一个固定半径为 R 的弯道运动。假

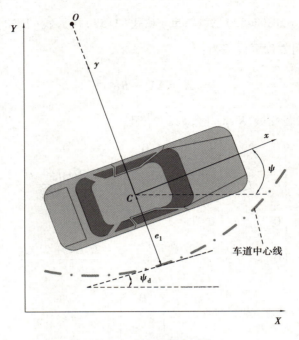

图 2.20 车辆横向系统

设弯道半径 R 足够大,因此转向角较小的假设成立。车辆的期望横摆角速度为:

$$\dot{\psi}_d = \frac{v_x}{R} \qquad (2.60)$$

车辆沿着 y 轴的期望加速度为:

$$a_{yd} = \frac{v_x^2}{R} = v_x \dot{\psi}_d \qquad (2.61)$$

从 e_1 的定义可以得到[36]:

$$\ddot{e}_1 = a_y - a_{yd} = (\ddot{y} + v_x \dot{\psi}) - \frac{v_x^2}{R} = \ddot{y} + v_x(\dot{\psi} - \dot{\psi}_d) \qquad (2.62)$$

然后可以得到:

$$\dot{e}_1 = \dot{y} + v_x(\psi - \dot{\psi}) \qquad (2.63)$$

把式(2.59)和式(2.63)代入式(2.49),可以得到:

$$m\ddot{e_1} = \dot{e_1}\left(\frac{-2C_{af} - 2C_{ar}}{v_x}\right) + e_2(2C_{af} + 2C_{ar}) +$$

$$\dot{e_2}\left(\frac{-2C_{af}l_f + 2C_{ar}l_r}{v_x}\right) + 2C_{af}\delta +$$

$$\dot{\psi}_d\left(\frac{-2C_{af}l_f + 2C_{ar}l_r}{v_x} - mv_x\right) \tag{2.64}$$

和

$$I_z\ddot{e_2} = \dot{e_1}\left(\frac{-2C_{af}l_f + 2C_{ar}l_r}{v_x}\right) + e_2(2C_{af}l_f - 2C_{ar}l_r) +$$

$$\dot{e_2}\left(\frac{-2C_{af}l_f^2 - 2C_{ar}l_r^2}{v_x}\right) + 2C_{af}l_f\delta - I_z\ddot{\psi}_d +$$

$$\dot{\psi}_d\left(\frac{-2C_{af}l_f^2 - 2C_{ar}l_r^2}{v_x}\right) \tag{2.65}$$

由式(2.64)和式(2.65),可得状态空间方程:

$$\dot{X} = AX + B_1\delta + B_2\rho \tag{2.66}$$

式中　X——状态变量,$X = (e_1, \dot{e_1}, e_2, \dot{e_2})^T$,且

$$A = \begin{pmatrix} 0 & 1 & 0 & 0 \\ 0 & -\dfrac{2C_{af} + 2C_{ar}}{mv_x} & \dfrac{2C_{af} + 2C_{ar}}{m} & \dfrac{-2C_{af}l_f + 2C_{ar}l_r}{mv_x} \\ 0 & 0 & 0 & 1 \\ 0 & -\dfrac{2C_{af}l_f - 2C_{ar}l_r}{I_zv_x} & \dfrac{2C_{af}l_f - 2C_{ar}l_r}{I_z} & -\dfrac{2C_{af}l_f^2 + 2C_{ar}l_r^2}{I_zv_x} \end{pmatrix}$$

$$B_1 = \left(0, \frac{2C_{af}}{m}, 0, \frac{2C_{af}l_f}{I_z}\right)^T$$

$$B_2 = \left(0, -\frac{2C_{af}l_f - 2C_{ar}l_r}{m} - v_x^2, 0, -\frac{2C_{af}l_f^2 + 2C_{ar}l_r^2}{I_z}\right)^T$$

考虑到如式(2.66)所示的简化的车辆横向动力学模型,是一个 4th 线性模

型也是一个线性非时变系统(LTI)模型,其中矩阵中所有的参数 A,B_1 和 B_2 都是定值。若参数值是变量,例如车辆速度 v_x 或者轮胎侧偏刚度 C_a 是变量,则此时该模型就是一个线性时变系统(LTV)模型。

2.4.3 仿真分析

在这部分中,将运用 MATLAB/Simulink® 来测试车辆横向运动学和动力学模型。运动学模型在式(2.44)中给出,动力学模型在式(2.66)中给出。

(1)运动学仿真

运动学模型只考虑了车辆的几何参数而忽略了影响运动的力,这个模型只适用于低速情况,例如停车操作或者低速的类车机器人。因此,我们只做在低速范围的模型仿真,并且在这种情况下大的转向角是允许的。

车辆的纵向速度设定为一个定值 5 m/s,这是真实车辆的典型低速情况,前轮的转向角分别设定为 5°,10° 和 18°。仿真时间设定为 10 s,车辆位置的结果如图 2.21 所示,我们发现车辆轨迹在不同转弯半径下是不同半径的圆弧,由于不考虑横向运动产生的横向力,所以这些结果是合理的。

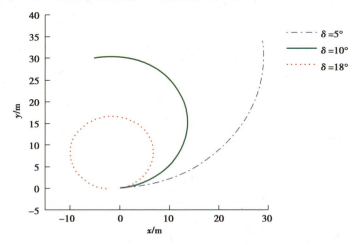

图 2.21 不同转向角 δ 的运动学模型结果

（2）动力学模型仿真

首先,考虑到式(2.66)所示的动力学模型,小的转向角假设使得横向模型线性化。因此,在我们的仿真中,第一,试验的转向角应小于 10°。这样设置对公路行驶的车辆是合理的。第二,众所周知,在高速公路的行驶中车速是大范围变化的,因此,我们的仿真中需要考虑一个大范围的车速变化。

我们测试了以下几种条件下的动力学模型。车辆的纵向速度分别设定为 10 m/s,20 m/s 和 30 m/s。在前 0.9 s 内转向角从 0° 增加到 1.2°,然后保持 1.2°转向角。

车辆的横向位移、横向加速度和横摆角的结果如图 2.22 所示。我们发现,车辆响应随车速的变化而显著变化,这意味着车速对车辆横向动力学有很大的影响。在图 2.22(b)中,当车速变大至 $v=30$ m/s,最大的横向加速度将近 3.5 m/s^2,即使转向角小到 $\delta=1.2°$,这依然是一个相当大的加速度值。一般来说,为了安全性考虑,车辆的横向加速度不该超过 4 m/s^2,否则就会有侧翻的可能性。所以车辆横向动力学受车速显著影响的现象将是在横向控制器设计中要考虑的重要因素。

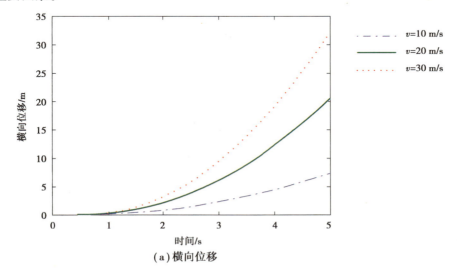

（a）横向位移

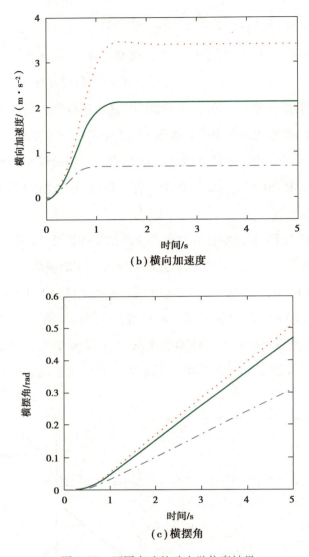

图 2.22　不同车速的动力学仿真结果

　　在本节中，我们建立并测试了两种不同的车辆横向模型，即运动学模型和动力学模型。但是，两个模型的假设是不同的。因此，当我们使用这些模型时，使用要求和道路条件是需要考虑的两个基本因素。

2.5　总　结

在本章中,我们提出了车辆的纵向和横向模型,将会在之后章节的控制器设计中使用。

对于纵向模型,首先,建立了基于牛顿第二定律的纵向动力学模型,假设了轮胎与地面的接触面没有滑移。在这个模型中,所有对车辆纵向动力学有影响的力都被表达在一个方程式里。此外,驱动力和制动转矩,都被考虑在纵向动力学方程式和纵向控制器的设计中,这使得控制器的设计变得很方便。其次,建立了一个带有自动变速器的乘用车传动系模型,包括了不同部分的子模型,即发动机、液力变矩器、自动变速器、传动轴、主减速器、差速器和制动系统。通过利用这个传动系模型,我们可以仿真车辆运动,因此将在下面的部分测试控制器的结果。

对于横向模型,分别研究了其运动学和动力学特性。该运动学模型提出了一个车辆运动的数学模型,它只考虑几何参数的影响,而不考虑其余作用力。这个模型可以用在车辆的低速行驶中。车辆横向动力学中提出了车辆二自由度模型。在小转向角和小侧偏角的假设下,二自由度模型可以描述为一个 4th 线性模型。

尽管二自由度模型简单,但已经被证明,当车辆在正常的沥青路面行驶且横向加速度小于 $0.4g$ 的情况下,它可作为车辆动力学的近似模型。

第3章　车辆队列纵向控制

3.1　简　介

　　随着交通拥堵和安全问题的不断增加,高速公路上的自动驾驶系统越来越受人们关注。纵向控制和横向控制是智能车辆的两个基本功能。纵向控制系统通过使用加速与制动控制器来控制车辆的纵向运动,例如纵向速度、加速度及在同一车道上与前车的纵向距离[36]。横向控制系统是通过使用路径参考系统和车载传感器来感知车道中间线,并产生转向命令使车辆按照期望的轨迹行驶。由此完成了自动车辆的车道保持和换道任务。

　　几十年来,车辆纵向运动控制已经被许多研究者和车辆制造商在不同层面上开展了研究。从1970年到1980年,涌现出很多车辆发动机和制动系统控制领域的相关研究[38-42]。从那时起,发动机控制系统的第一代产品出现了[43-44],并且在制动控制系统上也取得了巨大的成功,例如防抱死制动系统(ABS),该系统已被现代汽车工业广泛使用。基于上述成果,从20世纪90年代起,在车辆纵向控制的研究中,加速与制动联合控制变得越来越引人注目,并且给出了一系列解决方案[112,115-117]。除此之外,在1986年,美国加州PATH项目宣告成立。几乎在同一时间,日本的AHSS项目和欧洲的PROMETEUS项目也开始实施。这些项目在各自的领域获得了较大的进展。

　　如今,标准的巡航控制(Cruise Control,CC)系统已经广泛用于乘用车辆,它能够自动控制节气门来保持预设的速度。更进一步,协同自适应巡航控制(Co-operative Adaptive Cruise Control,CACC)系统作为巡航控制系统的延伸也发展起来,它具备一种探测前方车辆并与前方车辆保持适当距离的能力[27-28,118]。在没有前车的情况下,ACC/CACC 系统类似于 CC 系统。另外一种巡航控制系统是"避撞"系统(Collision Avoidance,CA)。在没有前车的情况下,避撞系统操作起来像巡航控制系统,能够保持常速行驶。如果前车出现,避撞系统将会判断操作速度是否安全。如果出现危险情况,避撞系统将会减少节气门开度,或者施加制动将车辆速度降低,同时向驾驶员报警。

PATH 项目提出了车辆"队列"这一全新的概念,即多个车辆之间以比较小的距离行驶[119]。据估计,如果车辆之间按照紧密间距的队列行驶,交通容量将会是在普通高速公路上行驶的 3 倍[14]。

根据"队列"的概念,我们主要的目标是设计一个车辆纵向控制系统,该控制系统能够提高车辆的安全性,同时提高交通容量。因此,我们需要面对的不仅仅是单个车辆的控制问题,还要进一步考虑一串车辆的行为及其对交通流的影响。

本章注重车辆纵向控制系统的设计问题。首先,纵向控制系统被设计为分层的结构,包括上位控制器和下位控制器。然后,上位控制器和下位控制器将被分别设计。为了验证所设计的控制器,我们将实施仿真实验,本章的最后会给出一些研究结论。

3.2　纵向控制系统的结构

我们在第 1 章中已经介绍了一个包含三层的高速公路控制系统结构,如图 1.8 所示。在管理层,纵向控制系统负责稳态与瞬态的纵向操作。如图 1.9 所示,纵向控制系统设计为分层结构,包括上位控制器和下位控制器[36]。上位控制器决定被控车辆期望速度和加速度,而下位控制器通过控制节气门开度和制动来达到期望的速度和加速度。

　　基于分层控制结构,总体纵向控制系统设计分为两步:①上位控制器设计,包括特定的间距策略以及相关的控制策略。间距策略意味着被控车辆能够达到与前车期望的间距。如图 3.1 所示,期望的间距值为 $x_{i-1}-x_i-W_{i-1}$,是典型的车辆速度函数。然而,它也可以是一个常数或者其他的变量,比如相对速度;②下位控制器涉及加速与制动控制器。这一章余下的部分将在这两方面展开。

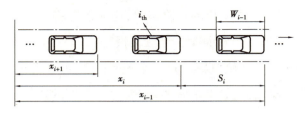

图 3.1　车辆队列间距

3.3　上位控制器

3.3.1　引言

　　在前面几节中已经介绍,第一代纵向控制系统比如巡航控制或自适应巡航控制系统,最初开发的目的是增加驾驶舒适性和车辆安全性。然而,纵向控制系统对高速公路交通的影响还没有得到充分的研究[31,53]。从交通规划者的观点来看,装备有纵向控制系统的自动车辆在应对高速公路安全、交通效率和容量等交通特性中有着比较大的影响。因为相对于人类驾驶员,自动车辆有更为一致的行为[120]。在纵向控制系统广泛装备自动车辆之前,纵向控制系统对车辆串稳定性和交通流特性的影响需要仔细研究。否则,交通堵塞会变得更加糟糕。

　　ACC 车辆两个最重要的宏观特点就是串稳定性和交通流稳定性。这两种稳定性的区别被文献[112]第一次提出。车辆队列的串稳定性是指车间距误差传递到该队列的尾车时,间距误差不会增大[31,121]。这个特性保证了任意的间距误差在队列的传播中不会被放大。一个判断串稳定性的通用方法是检查跟随车辆与前车间距误差的传递函数值。如果该传递函数的无穷范数小于 1,则串稳定性能够得到保证[28,122]。

交通流稳定性是指在一段高速公路上涉及交通密度和速度的宏观属性。它保证交通密度扰动在向上游传播中逐渐减弱。例如,当车辆从匝道并入到主车道时,会对交通流密度产生扰动。不稳定的交通流意味着该密度或速度的扰动将会影响到交通流上游的每一个节点并且不会衰减。当 $\partial Q/\partial\rho$ 是正值时,交通流是稳定的。在这里 Q 代表交通流量,ρ 代表交通密度。

除此之外,早期的 ACC 系统设计为速度高于 30 km/h 使用,因此,该系统在交通堵塞的情况下或城市道路中并不适用。这主要是因为传统的 ACC 系统只控制加速踏板。在扩展的版本中,制动踏板也需要被控制。走、停巡航控制系统包括加速与制动控制,用来克服以上缺点。

基于以上讨论,上位控制器包括特定的间距策略和相关的控制策略,其应该达到以下几个目标:

①在队列车辆中保证串稳定性。

②间距策略应该增加交通容量和保证稳定的交通流,达到一个较高的交通密度。

③控制策略的控制目标应该在车辆的牵引力/制动能力范围内。

④它能适应高速公路驾驶中的大范围车速变化,包括低速和高速场景。

本章后续的内容如下:首先,介绍车辆队列的串稳定性和交通流稳定性,其在设计上位控制器时需要被考虑。其次,对传统的固定时距策略(Constant Time Gap,CTG)进行评价。然后,提出安全间距策略(Safety Spacing Policy,SSP),并将其与 CTG 策略进行比较。最后,给出仿真结果。

3.3.2 串稳定性

对一个相互联系的系统,例如一个车辆队列中单个车辆的自身稳定性不足以保证队列的行驶安全,这是因为我们的研究对象是一个车辆队列而不是单车,因此,除了保证单车稳定性,另一个稳定性标准就是保证队列的串稳定性[36,123]。

(1)串稳定性的定义

串稳定性通常被定义为间距误差在传递到队列尾部时,确保不会递增。实际上,Sheikholeslam 和 Desoer 的工作已经给出了串稳定性的条件[124],即范数的幅值 $|G(j\omega)|<1$,线性因子 $G(s)$ 的脉冲响应 $g(t)>0$,这里 $G(s)$ 表示第 i 和 $i-1$ 辆车的间距偏差。

Swaroop 对串稳定性给出了更正式和广义的定义,并给出了串稳定性、渐近稳定和 l_p 串稳定性的数学表达[122]。根据 Swaroop 的研究[122,125],我们这里做如下定义:$\|f_i(\cdot)\|_\infty$ 表示 $\sup_{t\geqslant 0}|f_i(t)|$,使用 $\|f_i(0)\|_\infty$ 表示 $\sup_i|f_i(0)|$。$\forall p<\infty$,$\|f_i(\cdot)\|_p$ 表示 $\left(\int_0^\infty |f_i(t)|^p \mathrm{d}t\right)^{\frac{1}{p}}$,以及 $\|f_i(0)\|_p$ 表示 $\left(\sum_1^\infty |f_i(0)|^p\right)^{\frac{1}{p}}$。

对于一个互联系统:

$$\dot{x}_i = f(x_i, x_{i-1}, \cdots, x_{i-r+1}) \tag{3.1}$$

其中,$i\in\mathbb{N}$,$x_{i-j}\equiv 0$,$\forall i\leqslant j$,$x\in\mathbb{R}^n$,$f:\underbrace{\mathbb{R}^n\times\cdots\times\mathbb{R}^n}_{r\ \text{times}}\to\mathbb{R}^n$,$f(0,\cdots,0)=0$。

定义 3.1(串稳定性) 系统(3.1)在原点 $x_i=0$,$i\in\mathbb{N}$ 是串稳定的,如果 $\forall\varepsilon>0$,$\exists\delta>0$ 使:

$$\|x_i(0)\|_\infty<\delta\Rightarrow\sup_i\|x_i(\cdot)\|_\infty<\varepsilon$$

定义 3.2(渐近(指数)串稳定) 系统(3.1)在原点 $x_i=0$,$i\in\mathbb{N}$ 是渐近(指

数)串稳定的,如果它是串稳定当且仅当 $\forall i \in \mathbb{N}, x_i(t) \to 0$ 渐近(指数)稳定。

串稳定性更广义的定义可表示为:

定义 3.3(l_p 串稳定性)　系统(3.1)在原点 $x_i = 0, i \in \mathbb{N}$ 是 l_p 串稳定的,如果 $\forall \varepsilon > 0, \exists \delta > 0$ 使得:

$$\| x_i(0) \|_p < \delta \Rightarrow \sup_i \left(\sum_1^\infty |x_i(t)|^p \right)^{\frac{1}{p}} < \varepsilon$$

显然,定义 3.1 是定义 3.3 中的 l_∞ 串稳定性特例。如果初始条件是有界的,则系统状态一致有界。

(2)车辆跟随系统的串稳定性

在车辆跟随系统中,如图 3.1 所示的车辆队列,对于第 i 个车辆,x_i 表示由惯性基准得到的测量位置。定义第 i 个车辆的间距误差为:

$$\delta_i = x_i - x_{i-1} + S_i \tag{3.2}$$

其中,S_i 是第 $i-1$ 与 i 辆车的期望间距,包括前车长度 W_{i-1}。串稳定性的充分条件可表示为[122,125]:

$$\| \delta_i \|_\infty \leqslant \| \delta_{i-1} \|_\infty \tag{3.3}$$

如果定义间距误差 δ_{i-1} 到 δ_i 的传递函数为:

$$\widehat{H}(s) = \frac{\delta_i(s)}{\delta_{i-1}(s)} \tag{3.4}$$

其中,$\delta_i(s)$ 是 $\delta_i(t)$ 的拉普拉斯变换,让 $h(t)$ 表示 $\widehat{H}(s)$ 的脉冲响应,那么串稳定性条件(3.3)可表示为:

$$\| h(t) \|_1 \leqslant 1 \tag{3.5}$$

根据线性系统理论可得:

$$\| h(t) \|_1 = \sup_{x \in L_\infty} \frac{\| \delta_{i-1} \|_\infty}{\| \delta_i \|_\infty} \tag{3.6}$$

那么串稳定性条件(3.5)可以改写为:

$$\| \widehat{H}(s) \|_\infty \leqslant 1 \quad \text{and} \quad h(t) > 0 \tag{3.7}$$

从式(3.5)到式(3.7)的变换根据以下引理获得：

引理 3.1　如果 $h(t)>0$，那么所有输入/输出的诱导范数相等[125]。

证明：让 γ_p 表示第 p 个诱导范数，即

$$\gamma_p = \sup_{x \in L_p} \frac{\|y\|_p}{\|x\|_p} \tag{3.8}$$

那么，根据线性系统理论

$$|H(0)| \leq \|\widehat{H}(j\omega)\|_\infty \leq \gamma_p \leq \|h\|_1 \tag{3.9}$$

如果 $h(t)>0$，那么 $|\widehat{H}| = \|h\|_1 \Rightarrow \gamma_p = \|h\|_1$，如下所示：

$$|\widehat{H}(0)| = \left| \int_0^\infty h(t)\,\mathrm{d}t \right| \leq \int_0^\infty |h(t)|\,\mathrm{d}t = \|h\|_1$$

注　如上所述，如果 $h(t)>0$，且 $\|\widehat{H}(s)\|_\infty \leq 1$，可以得到串稳定性。但是，若 $h(t)$ 是非正的，那么 $\|\widehat{H}(s)\|_\infty \leq 1 \Rightarrow \|\delta_{i-1}\|_2 \leq \|\delta_i\|_2$，这意味着只能得到 L_2 串稳定性。L_2 串稳定性可确保 $\delta_{i-1}(t)$ 小于 $\delta_i(t)$ 的能量，但是不足以说明 $\|\delta_{i-1}\|_\infty \leq \|\delta_i\|_\infty$ 严格条件下的串稳定性。因此，L_2 串稳定性对该类应用是不稳定的。

采用条件式(3.7)取代条件式(3.5)，因为设计控制系统时，满足条件式(3.7)比条件式(3.5)更容易。在后面的部分中，条件式(3.7)将用于评估所设计车辆纵向控制系统的间距策略。

3.3.3　交通流稳定性

如前面所提到的，交通流稳定性是交通流动力学的宏观特性。它和串稳定性是不同的概念。通常情况下，在学习串稳定性时，要考虑到没有车辆进入或离开队列的情况。然而，从宏观上看，交通流是多段高速公路上的一串车辆或单个车辆的集合。交通流稳定性解决的是队列中车辆增加或减少时密度和速度的变化。

几十年来，在交通动力学理论领域内，交通流量(车辆数量)和交通密度(车

辆密度)的函数关系引起了交通研究者的注意。我们知道,交通流量(车辆数量)和交通密度(车辆密度)的函数关系,如图3.2所示。在低密度时,交通流量与密度呈线性关系,这是一种自由交通状态,也就是说在低密度时车辆能够自由行驶。相反,在高密度时,随着密度的增加交通流量减少,它表示交通处于堵塞状态[126]。

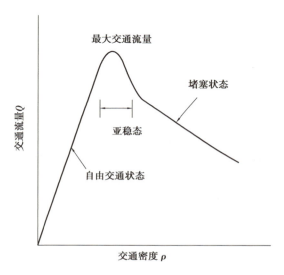

图 3.2　交通流量与交通密度函数关系图

在 20 世纪 80 年代后期,随着车辆技术的发展,以驾驶舒适安全为目标的第一代巡航控制系统发展起来。后来作为巡航控制系统升级版的自适应巡航控制系统出现了。由于 ACC 系统更接近于人类的驾驶行为,交通流的动力学特性也深受 ACC 系统的影响。因此,在设计自适应巡航控制系统时,其对交通流动力学的影响是重要的考虑因素。

（1）交通流稳定性的定义

为了评估交通流动力学特性,交通流稳定性的概念在文献[53]中被提出。交通流稳定性指的是密度和速度扰动的变化。本书中,我们考虑一个简单场景,在一个单向高速公路上,每一辆车都装有 ACC 系统,该交通流是一个连续的模型。

x 表示车辆在 t 时刻的位移，$x=x(X,t)$，X 表示在初始时刻 t_0 的车辆状态。$v(x,t)$ 为车辆速度，$\rho(x,t)$ 为交通密度。因此，交通流稳定性的定义如下：

定义 3.4（交通流稳定性） 令 $v_0(x,t)$，$\rho_0(x,t)$ 表示交通流的标称状态，$v_p(x,t)$，$\rho_p(x,t)$ 分别表示交通流的速度和密度扰动，与边界条件一致，并且 $v_p(x,0)\equiv 0$，$\rho_p(x,0)\equiv 0$ $\forall x\geqslant x_u$。如果满足以下条件，则交通流稳定：

①对于 $\varepsilon>0$，$\exists\,\delta>0$ 使得

$$\sup_{x\leqslant x_u}\{\,|v_p(x,0)|,\ |\rho_p(x,0)|<\delta\Rightarrow\sup_{t\geqslant 0}\ \sup_{x\leqslant x_u}\{\,|v_p(x,t)|,\ |\rho_p(x,t)|\,|\}<\varepsilon$$

②$\lim\limits_{t\to\infty}\sup\limits_{x\leqslant x_u}\{\,|v_p(x,t)|,\ |\rho_p(x,t)|\,|\}=0$

交通流稳定性如图 3.3 所示，交通密度会因为匝道的车辆进入主车道而发生变化。一个不稳定的交通流意味着密度扰动在向上游传播时不会衰减。然而在一个稳定的交通流里，密度扰动会在向上游传播时衰减。

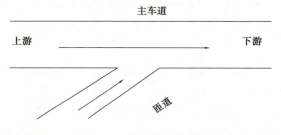

图 3.3　主车道与匝道

在后面的章节中，定义 3.4 会被用于判断高速公路交通流的稳定性。

（2）间距策略对交通流稳定性的影响

如前面章节所提到的，间距策略定义为每辆车与其前车保持的期望间距。显然，间距策略能通过调节 ACC 车辆的间距，对交通流产生重要的影响。为了分析其对交通流动力学特性的影响，我们把间距策略定义为一个与车辆速度有关的函数：

$$S=g(v) \tag{3.10}$$

$$\frac{1}{\rho}=g(v)\Rightarrow v=h(\rho):=g^{-1}\left(\frac{1}{\rho}\right) \tag{3.11}$$

与流体力学相似,任意点的交通流量为:

$$Q = \rho v = \rho h(\rho) \tag{3.12}$$

根据质量守恒定律,交通密度的演化过程可表示为:

$$\frac{\partial \rho}{\partial t} + \frac{\partial Q}{\partial x} = 0 \Rightarrow \frac{\partial \rho}{\partial t} + \frac{\partial Q}{\partial \rho} \frac{\partial \rho}{\partial x} = 0 \tag{3.13}$$

将式(3.12)代入式(3.13):

$$\frac{\partial \rho}{\partial t} + \frac{\partial (\rho h(\rho))}{\partial \rho} \frac{\partial \rho}{\partial x} = 0 \tag{3.14}$$

考虑上述偏微分方程,设 ρ_0 是密度的基本解。为了研究基本解的稳定性,考虑基本解存在一定的密度扰动 $\varepsilon \rho_p$。忽略 ε 的二阶项并且定义 c 为:

$$c := h(\rho_0) + \rho_0 \frac{\partial h}{\partial \rho}(\rho_0) \tag{3.15}$$

$\left(\text{注意 } c = \frac{\partial Q}{\partial \rho}\right)$。我们便能得到:

$$\frac{\partial \rho_p}{\partial t} + c \frac{\partial \rho_p}{\partial x} = 0 \tag{3.16}$$

式(3.16)描述了交通流密度扰动的演化过程。线性偏微分方程(3.16)的解取决于 c 的值,而 c 的值又取决于密度 ρ_0。

式(3.16)的解是一个行波,即 $\rho_p = F(x - ct)$。如果 $c>0$,解是一个正向行波,如果 $c<0$,解是一个反向行波。因此,在交通流的动力学中,当 $c<0$ 时,任意小的密度扰动将向上游传播而不衰减。根据定义 3.4,如果 $c<0$,则交通流不稳定,相反,当 $c>0$ 时,交通流是稳定的。

根据以上讨论,我们可以得出以下结论,如果满足条件 $c>0$ 或者 $\partial Q / \partial \rho > 0$,则交通流为稳定的,否则为不稳定的交通流。这一结论将在以后各节中用于不同的间距策略的设计和评价。

3.3.4　固定时距策略的分析

如今,研究者和汽车制造商用的最多的车间距策略是固定时距策略

（CTG）[28]。许多 ACC 研究工作均采用了 CTG 策略[27,55,57]，也有许多汽车制造商推出了基于 CTG 策略的 ACC 系统[56]。然而，CTG 策略的使用中，仍存在以下问题：

①采用 CTG 策略的巡航控制系统不适合在高密度的交通条件下使用，且运行速度应高于 40 km/h[27,127]。

②使用标准的 CTG 策略，不能保证交通流的稳定性[53]。

（1）CTG 策略的定义

固定时距策略如式（3.17）：

$$S_i = L + h\dot{x}_i \tag{3.17}$$

式中　S_i——第 i 辆车期望的车间距离；

　　　L——常数，包括前车长度 W_{i-1}，如图 3.1 所示；

　　　h——车头时距。

CTG 策略的间距误差为：

$$\delta_i = \varepsilon_i + L + h\dot{x}_i \tag{3.18}$$

其中：$\varepsilon_i = x_i - x_{i-1}$。

对应的，使间距误差趋于零的纵向控制器为：

$$\ddot{x}_{i\_des} = -\frac{1}{h}(\dot{\varepsilon}_i + \lambda\delta_i) \tag{3.19}$$

（2）CTG 策略的串稳定性

在 3.2 节中，我们提到 ACC 系统的控制结构分为上位控制器和下位控制器，如图 3.1 所示。上位控制器决定被控车辆的期望加速度或速度，而下位控制器决定跟踪期望加速度或速度所需的节气门开度和制动指令。该双层控制系统的行为可近似为一阶系统：

$$\tau\dot{a}_i + a_i = a_{i\_des} \tag{3.20}$$

式中　a_i——车辆的实际加速度；

　　　a_{i_des}——期望加速度；

τ——固定时间延迟。

将式(3.19)中的 $a_{i\_{\rm des}}$ 代入,得到:

$$\tau \dddot{x}_i + \ddot{x}_i = -\frac{1}{h}(\dot{\varepsilon}_i + \lambda \delta_i) \qquad (3.21)$$

对式(3.18)中的 δ_i 取两次微分,有:

$$\ddot{\delta}_i = \ddot{\varepsilon}_i + h\dddot{x}_i \qquad (3.22)$$

将式(3.21)中的 $\dddot{x}_i$ 代入可得:

$$\dddot{\varepsilon}_i = \ddot{\delta}_i + \frac{1}{\tau}(\dot{\delta}_i + \lambda \delta_i) \qquad (3.23)$$

考虑式(3.18)中,相邻车辆间距误差的差值可表示为:

$$\delta_i - \delta_{i-1} = \varepsilon_i - \varepsilon_{i-1} + h\dot{\varepsilon}_i \qquad (3.24)$$

对式(3.24)取两次微分:

$$\ddot{\delta}_i - \ddot{\delta}_{i-1} = \ddot{\varepsilon}_i - \ddot{\varepsilon}_{i-1} + h\dddot{\varepsilon}_i \qquad (3.25)$$

将式(3.23)代入式(3.25)得:

$$h\tau \dddot{\delta}_i + h\ddot{\delta}_i + (1+\lambda h)\dot{\delta}_i + \lambda \delta_i = \dot{\delta}_{i-1} + \lambda \delta_{i-1} \qquad (3.26)$$

对式(3.26)做拉普拉斯变换:

$$\frac{\delta_i}{\delta_{i-1}}(s) = \frac{s+\lambda}{h\tau s^3 + hs^2 + (1+\lambda h)s + \lambda} \qquad (3.27)$$

利用上述传递函数,可以对 CTG 系统的串稳定性进行分析。代入 $s=j\omega$ 并对上述传递函数的范数进行计算,可得,只有当

$$h \geqslant 2\tau \qquad (3.28)$$

时, $\| \widehat{H}(s) \|_\infty \leqslant 1$ 成立。

根据式(3.7)的串稳定性条件,还应满足脉冲响应 $h(t)>0$。如图 3.4 所示为传递函数式(3.27)的脉冲响应,其中 $\lambda=0.4$, $\tau=0.4$, $h=1.5$ s。可知,在以上传递函数参数的取值时,脉冲响应值为正。因此串稳定的条件 $\| \widehat{H}(s) \|_\infty \leqslant 1$ 和 $h(t)>0$ 可以通过设计合适的控制器参数得到满足。

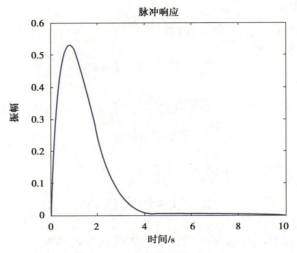

图 3.4　CTG 策略的脉冲响应

事实上，基于式（3.28），我们可以通过选择一个足够大的 h 值使得 $\|\hat{H}(s)\|_\infty \leqslant 1$。但是，对于脉冲响应 $h(t)>0$，目前还没有直接的设计方法，需要进一步研究。文献［128］给出了解决该问题的间接方法，对于非负脉冲响应提出了两个必要条件：

①系统的主导极点不应是复共轭对。

②不应有任何系统零点位于闭环系统极点的右侧。

（3）CTG 策略的交通流稳定性

对于 CTG 间距策略，稳定状态下的间距可表示为 $S=L+hv$，其中 v 是车辆速度，h 是车头时距，可得稳态密度：

$$\rho = \frac{1}{L+hv} \tag{3.29}$$

根据式（3.29）求解 v，可得 $v=(1-\rho L)/(\rho h)$，交通流量为：

$$Q=\rho v=\frac{1-\rho L}{h} \tag{3.30}$$

如 3.3.3 小节（2）所述，稳定交通流应满足 $\partial Q/\partial \rho>0$。由式（3.30），$\partial Q/\partial \rho=-L/h$ 为负值，这表示在 CTG 策略下交通流量总是不稳定的。

注　Shrivastava 和 Li 的研究结果表明，CTG 策略能够保证交通流稳定[129,130]，这似乎与上述结论相反。事实上，Shrivastava 和 Li 对 CTG 策略交通流稳定性的证明是在一个没有进出口的环形高速公路前提条件下开展的，该前提条件可以视为 CTG 策略稳定性研究的边界条件。但是，本书中采用的 $\partial Q/\partial\rho>0$，是没有任何前提条件的。因此，该交通流稳定性可称为**无条件交通流稳定性**。

3.3.5　安全间距策略

根据传统 CTG 策略的分析结果，将其与 3.3.1 小节提出的上位控制器设计目标相比较，可以看出 CTG 控制策略并不是理想的自适应巡航控制系统。

为了克服传统 CTG 策略的缺点，我们提出了名为安全间距策略（Safety Spacing Policy，SSP）的新型车辆间距策略。它既考虑到了被控车辆的状态（速度、车间距）也考虑到了车辆自身的能力（制动能力、反应时间）来确定与前车的安全距离。此外，在这个新的间距策略的设计中，也考虑了串稳定性和交通流稳定性。该间距策略将会满足在 3.3.1 小节中提到的设计目标。

车辆队列如图 3.1 所示，假设被控车辆的以下信息是已知的：

A1——第 $i-1$ 和第 i 车辆间的相对速度和相对距离，$v_{i-1}-v_i$，$x_{i-1}-x_i-W_{i-1}$；

A2——被控制车辆 i 的速度 v_i；

A3——被控车辆的制动能力 j_i。

注　当前车载传感器可以提供 A1 和 A2 的测量值，A3 的数值可以从车辆制造商或者通过实验获得。

由以上已知条件，可以提出以下安全间距策略（SSP）：

$$S_i = L + t_d\,\dot{x}_i + \gamma d_i \tag{3.31}$$

式中　S_i——第 i 车辆的期望车辆间距；

　　　L——一个固定的距离，它包括前车长度 W_{i-1}；

　　　t_d——纵向控制系统的延时，由两个部分组成：一个是控制器中用于执行制动动作的反应时间，在目前的系统中，该延时约为 60 ms；另一个

是制动系统硬件的延时,从 10 ~ 100 ms 不等。因此,总延时范围为 70 ~ 160 ms[111];

d_i——第 i 车辆在水平和干燥路面上的制动距离。用 j_i 表示第 i 车辆在最大制动动作时的平均减速度,它始终是一个负值,$d_i = -\dot{x}_i^2/2j_i$;

γ——安全系数,由驾驶员选择的一个参数,与路面状况和车辆在队列内的位置有关。例如,当路面湿滑时,可以选择更大的 γ 值。此外,考虑到头车对队列的安全影响最大,一般选择更大的 γ 值来提高队列的安全性,同时为跟随车辆选择较小的 γ 值来提高交通流量。图 3.5 表示了在不同的安全系数 γ 下,车辆间距随车速变化的曲线,所用参数见表 3.1。

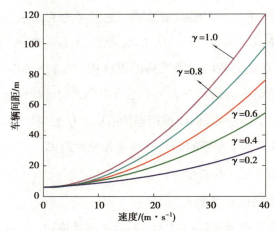

图 3.5　不同安全系数 γ 下的车辆间距

表 3.1　纵向控制系统参数

参数	L	W_i	t_d	λ	j
具体值	6.5 m	4.5 m	0.1 s	0.4	−7.32 m/s^2

SSP 的间距误差可表示为:

$$\delta_i = \varepsilon_i + L + t_d\,\dot{x}_i + \gamma d_i \tag{3.32}$$

其中，$\varepsilon_i = x_i - x_{i-1}$，为确保误差 δ_i 收敛为 0，令 $\dot{\delta}_i = -\lambda \delta_i$，$\lambda$ 为正控制增益，对式（3.32）求导，可得到 SSP 策略下的被控车辆期望加速度为：

$$\ddot{x}_{i\_des} = \frac{-(\lambda \delta_i + \dot{\varepsilon}_i)}{t_d - \dfrac{\gamma}{j_i} \dot{x}_i} \tag{3.33}$$

（1）SSP 的串稳定性分析

在 3.2 节中，我们已经介绍了 ACC 系统控制架构可以设计成分层结构，即上位控制器和下位控制器两部分，如图 3.1 所示。上位控制器用来确定被控车辆的期望加速度或速度，而下位控制器用来确定跟踪期望加速度或速度所需的节气门开度和制动指令。该两层控制系统的特性可近似为一阶系统：

$$\tau \dot{a}_i + a_i = a_{i\_des} \tag{3.34}$$

式中　a_i——车辆的实际加速度；

$\quad\quad a_{i\_des}$——期望加速度；

$\quad\quad \tau$——一个固定时间延迟。

然后，将该一阶系统应用于 SSP 系统的串稳定性分析。

回顾式（3.7），车辆跟随系统的串稳定性条件为：

$$\| \hat{H}(s) \|_{\infty} \leq 1 \quad \text{and} \quad h(t) > 0 \tag{3.35}$$

其中，$\hat{H}(s)$ 表示相邻两车间距误差的传递函数，$\hat{H}(s) = \delta_i(s)/\delta_{i-1}(s)$，$h(t)$ 是 $\hat{H}(s)$ 的脉冲响应。

为了研究之前提到的间距策略串稳定性，对 SSP 系统在一个名义速度 v_0 附近进行线性化，即 $v_{0,i} = v_{0,i+1} = v_0$。此时，车辆间的间距等于期望的间距 $R_{0,i} = L + t_d v_0 - \dfrac{\gamma}{2 j_i} \dot{v}_0^2$。在某一时刻，头车的速度受到扰动，从而对车辆队列的后部带来扰动。令 $v_i = v_0 + \Delta v_i$，$\dot{v}_i = \Delta \dot{v}_i$ 和 $R_i = R_0 + \Delta R_i$，$\dot{R}_i = \Delta \dot{R}_i$，对于线性系统，间距误差的传递函数与速度变化量的传递函数相同[29]：

$$\hat{H}(s) = \frac{\delta_i}{\delta_{i-1}}(s) = \frac{\Delta v_i}{\Delta v_{i-1}}(s) \tag{3.36}$$

结合式(3.34)和式(3.33),可得:

$$\tau \dot{a}_i + a_i = -\frac{\lambda \delta_i + \dot{\varepsilon}_i}{t_d - \frac{\gamma}{j_i} \dot{x}_i} \tag{3.37}$$

令 $T_v = t_d - \frac{\gamma}{j_i} \dot{x}_i$,重写式(3.37):

$$\tau \dot{a}_i + a_i = -\frac{\lambda \delta_i + \dot{\varepsilon}_i}{T_v} \tag{3.38}$$

在名义速度偏差较小的条件下,SSP 系统可以在名义速度附近进行线性化,对式(3.38)求导可得:

$$\tau \ddot{a}_i + \dot{a}_i = -\frac{\lambda \dot{\delta}_i + \ddot{\varepsilon}_i}{T_v} \tag{3.39}$$

可得:

$$T_v \tau \dddot{v}_i + T_v \ddot{v}_i + (\lambda T_v + 1) \dot{v}_i + \lambda v_i = \dot{v}_{i-1} + \lambda v_{i-1} \tag{3.40}$$

由 $\dot{v}_i = \Delta \dot{v}_i$,式(3.40)可改写为:

$$T_v \tau \Delta \dddot{v}_i + T_v \Delta \ddot{v}_i + (\lambda T_v + 1) \Delta \dot{v}_i + \lambda \Delta v_i = \Delta \dot{v}_{i-1} + \lambda \Delta v_{i-1} \tag{3.41}$$

对式(3.41)做拉普拉斯变换:

$$\frac{\Delta v_i}{\Delta v_{i-1}}(s) = \frac{s + \lambda}{T_v \tau s^3 + T_v s^2 + (\lambda T_v + 1) s + \lambda} \tag{3.42}$$

将 $s = j\omega$ 代入式(3.42):

$$\frac{\Delta v_i}{\Delta v_{i-1}}(j\omega) = \frac{\lambda + j\omega}{-T_v \tau j\omega^3 - T_v \omega^2 + (\lambda T_v + 1) j\omega + \lambda} \tag{3.43}$$

为了确保串稳定性,传递函数的大小不应大于 1,即 $\| \frac{\Delta v_i}{\Delta v_{i-1}}(s) \| \leqslant 1$,可得:

$$\frac{\omega^2 + \lambda^2}{(\lambda - T_v \omega^2)^2 + \omega^2 (\lambda T_v + 1 - T_v \tau \omega^2)^2} \leqslant 1 \tag{3.44}$$

经过代数约简,可求得满足以上不等式的条件为:

$$T_v \geqslant 2\tau \tag{3.45}$$

即 $t_d - \dfrac{\gamma}{j_i}\dot{x}_i \geqslant 2\tau$。因此,利用线性化方法,我们得到了非线性间距策略的串稳定性条件。例如,对于如下参数取值 $t_d=0.1$ s,$\tau=0.1$ s,$\gamma=0.4$,$j_i=-7.32$ m/s^2,满足式(3.45)的条件为 $v \geqslant 1.83$ m/s。

由式(3.35),串稳定性的另一个条件为 $h(t)>0$。由式(3.42),我们使用以下参数值:$t_d=0.1$ s, $\tau=0.1$ s,$\gamma=0.4$,$j_i=-7.32$ m/s^2,$\lambda=0.4$。可得由式(3.42)所描述的传递函数在不同速度下的脉冲响应,如图 3.6 所示。

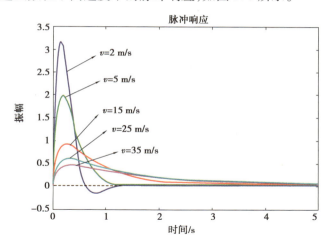

图 3.6　SSP 系统在不同速度下的脉冲响应

我们可以发现,在速度为 $v=2$ m/s 时,$h(t)>0$ 不成立。然而,随着车速的增加,当车速大于 5 m/s 时,$h(t)>0$ 总是成立的。综合以上分析,$\|\hat{H}(s)\|_\infty \leqslant 1$ 的成立条件为 $v>1.83$ m/s,因此,在 SSP 系统中,最终的串稳定性条件为 $v>5$ m/s。

(2)SSP 的交通流稳定性分析

为方便起见,在以下的交通分析中,假设所有自动车辆具有相同的制动能力 j。由式(3.31)中给出的 SSP 策略的表达式为:

$$S_i = L + t_d v_i - \frac{\gamma v_i^2}{2j}$$

从而，可以得到稳态的交通密度表达式：

$$\rho = \frac{1}{L + t_d v - \dfrac{\gamma v^2}{2j}} \tag{3.46}$$

求解式(3.46)可得 v 的两个解，由于在高速公路行驶中，车速不能为负，因此可排除负值解，其正值解为：

$$v = j \frac{t_d - \sqrt{t_d^2 + \dfrac{2\gamma\left(L - \dfrac{1}{\rho}\right)}{j}}}{\gamma} \tag{3.47}$$

可得交通流量：

$$Q = \rho j \frac{t_d - \sqrt{t_d^2 + \dfrac{2\gamma\left(L - \dfrac{1}{\rho}\right)}{j}}}{\gamma} \tag{3.48}$$

那么

$$\frac{\partial Q}{\partial \rho} = \frac{t_d j}{\gamma} - \frac{j\rho\left[t_d^2 - 2\dfrac{\gamma}{j}\left(\dfrac{1}{\rho} - L\right)\right] + \gamma}{\gamma\rho\sqrt{t_d^2 - 2\dfrac{\gamma}{j}\left(\dfrac{1}{\rho} - L\right)}} \tag{3.49}$$

为了展示 SSP 策略在交通流稳定性方面比 CTG 策略更具优势，图3.7 显示了两个策略的 Q-ρ（交通流-密度）曲线。SSP 控制策略的参数值见表3.1，并且 SSP 系统上位安全系数 $\gamma = 0.4$。对于 CTG 系统，Q 和 ρ 的关系如式(3.30)所示，车头时距 $h = 1.5$ s。

我们发现，当密度 ρ 低于临界密度$[\rho_c(\approx 0.069$ 辆/m$)]$时，$(\partial Q/\partial\rho > 0)$ 即 SSP 系统为稳定的交通流。然而 CTG 系统 $\partial Q/\partial\rho < 0$，即交通流总是不稳定的。

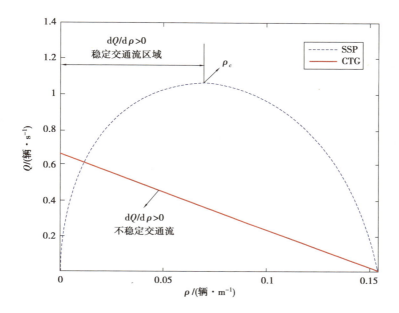

图 3.7 SSP 策略和 CTG 策略的 Q-ρ 曲线

（3）SSP 和 CTG 策略下的交通流量比较

在此小节中,考虑一条单车道高速公路,并假设其没有出入口,估算该车道每小时的最大稳态流量,我们称之为 AHS 单通道流量[131]。然后,以车辆/车道/每小时的车道流量为指标,对两种间距策略进行比较。我们假设所有的车辆都是在同样大小(车辆数量)的车辆队列中行驶。每个队列包含 N 辆车,并且两个队列间的距离由头车的车间距确定,如图 3.8 所示。

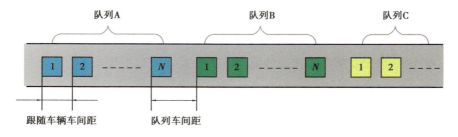

图 3.8 单车道高速公路

以 CTG 系统为例,1~2 s 的车头时距[27]在之前的研究中被广泛接受。因此,我们选择了 $h_1 = 2$ s 作为队列头车的车头时距,$h_f = 1.5$ s 作为队列中所有跟随车辆的车头时距。在这里,出于队列行驶安全的考虑,为头车选择较大的车头时距,同时为了提高交通流量,我们为所有跟随车辆选择较小的车头时距。可以得到单通道每小时的交通流量为:

$$Q_c = \frac{3\,600v}{(L + h_f v) + \dfrac{1}{N}(L + h_1 v)} \tag{3.50}$$

对于 SSP 系统,我们假设所有车辆具有相同的制动能力。对应于 3.3.5 小节的讨论,取头车的安全系数 $\gamma_1 = 1$,对所有跟随车辆取 $\gamma_f = 0.4$。从而可得单车道每小时的交通流量为:

$$Q_s = \frac{3\,600v}{(L + t_d v - \gamma_f \dfrac{v^2}{2j}) + \dfrac{1}{N}(L + t_d v - \gamma_1 \dfrac{v^2}{2j})} \tag{3.51}$$

上述两个方程给出的车道通行能力如图 3.9 所示,图中的 N 是队列的大小(车辆的数量)。可以发现,SSP 系统可以比 CTG 系统提供更高的交通流量。当名义交通流速度为 100 km/h(27.8 m/s)时,SSP 系统的交通流量比 CTG 系统多 50% 左右。

更进一步,在交通的高峰时段,名义交通流速度由于交通密度的增加而下降。如图 3.9 所示,随着交通流速度的降低,SSP 系统的流量显著增加,而 CTG 系统的流量逐渐减小。这意味着 SSP 系统能够缓解高峰期的拥堵,而使用 CTG 系统则会使情况变得更糟。在巡航速度为 50 km/h 时,SSP 系统可提供 3518 辆/(车道·h)的交通流量,约为 CTG 系统的两倍。

综上所述,SSP 策略相比于传统的 CTG 策略具有以下优点:

①SSP 可以保证交通流稳定性,而 CTG 不能。

②在高速行驶区间,SSP 可以提供比 CTG 更高的交通流量。在较为常见的巡航速度 100 km/h 时,SSP 可提供比 CTG 多约 50% 的交通流量。

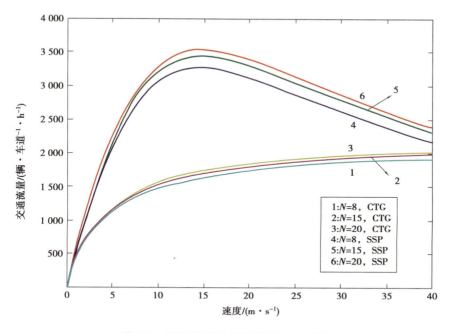

图 3.9　CTG 策略和 SSP 策略的 *Q-v* 曲线

③SSP 的一个显著优势是随着交通速度的下降,交通流量会显著增加。这一特点表明,SSP 可以缓解交通高峰期的拥堵。然而,CTG 在低速时比在高速时提供更少的交通流量,这意味着交通状况在高峰时段会变得更拥挤。

3.3.6　仿真测试

在这一节中,我们将测试一个 SSP 车辆队列在头车执行紧急制动再重新加速的场景。在这个场景里,没有考虑车辆的横向运动。被测试的对象为 3 个车辆队列,每个队列均包含 8 辆车,其中每辆车均具备不同的制动能力,如表 3.2 所示,这些参数值及每辆车在队列中的顺序都是随机设定的。车辆的最大加速度限制在 $0.35g$。在仿真中,所有的跟随车辆均使用式(3.33)中所描述的 SSP 控制器,其中安全系数 $\gamma = 0.4$。

表 3.2 列队中车的制动能力(m/s^2)

队列车辆								
序号	1	2	3	4	5	6	7	8
队列 1	-7.62	-7.32	-6.72	-7.08	-7.8	-6.9	-7.26	-6.54
队列 2	-7.93	-6.85	-7.42	-6.53	-7.84	-7.64	-7.18	-7.24
队列 3	-6.76	-7.88	-7.69	-7.42	-6.93	-7.61	-6.69	-7.17

测试中,队列车辆执行以下操作,初始状态为车辆队列以 27 m/s 稳定的速度巡航行驶,此时所有车辆与前车均保持理想的车间距离。10 s 后,队列的头车以-5 m/s^2 的加速度制动 4 s,达到 7 m/s 的低速。在 $t = 40$ s 时,前车以 2 m/s^2 的加速度逐渐加速至初始速度。为了避免得到不合理的结果,我们在仿真测试中做了以下假设:

①在仿真中,根据控制器计算出的跟随车辆的期望加/减速度值,如果超出了该车的加/减速度极限,那么期望值就会在极限值达到饱和。

②为了防止车辆在高速公路上倒车,假设当车辆减速为 0 时,该车的加速度也变为 0。

③为了避免车间距为负值,假设两车碰撞后车间距保持为 0。

图 3.10 展示了队列 1 在以上紧急制动和加速场景下的车间距与期望加速度随时间变化的曲线。如图 3.10(a)所示,无论是在加速还是减速情况下,每辆车都能根据自己的状态和能力保持安全的车头时距,并且没有碰撞发生。在图 3.10(b)中,我们发现,所有的被控车辆能够在相应的减速和加速能力范围内运行。

综合以上结果,以及前述关于串稳定性、交通流稳定性和交通流量的分析,得到本章提出的 SSP 策略,能够满足在 3.3.1 小节中提出的 4 个设计目标。因此,得出结论,相比于传统的 CTG 策略,SSP 策略能够在驾驶安全和交通流量方面为 ACC 系统提供更好的表现。

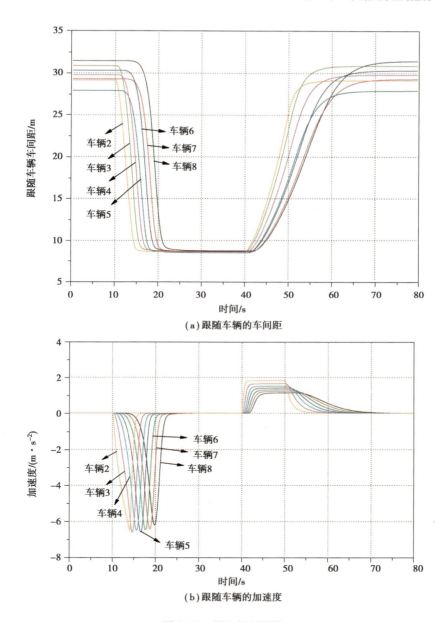

（a）跟随车辆的车间距

（b）跟随车辆的加速度

图 3.10　纵向控制结构

注　队列 2 和队列 3 的结果与队列 1 类似,在此不再赘述。

3.4 下位控制器

3.4.1 引言

如图 1.9 所示,车辆纵向控制系统是典型的分层设计,包括上位控制器和下位控制器。在 3.3 节我们研究了上位控制器的问题。在本节中将研究下位控制器的问题,并且结合上、下两层控制器,设计出完整的纵向控制系统。

下位控制器的设计目标是根据上位控制器给出的期望加速度/速度值来决定需要的加速和制动指令。很明显,下位控制器的基本元件是加速控制器和制动控制器。设计下位控制器的两个主要挑战为:

①车辆纵向动力学的非线性和不确定性。

②加速和制动控制器的协调(例如:正常驾驶中,有经验的驾驶员不会同时踩下加速踏板和制动踏板)。

为了解决模型的非线性和不确定性,Gerdes 等人提出了基于多滑模面的控制方法来实现发动机与制动控制[47]。该系统包括三个基本元素:把车辆的加速度作为输入的上层滑模控制器;加速或制动控制的逻辑切换;用于发动机和制动操作的下层滑模控制器。Ioannou 提出了固定增益、可调增益的 PID 控制器以及自适应控制方法[45]。控制器使用一个已验证的全阶非线性纵向模型并在实车上进行试验,得到较好的试验结果。然而,使用这些 PID 控制器的前提是,需要一个准确的节气门开度与车辆速度、位移模型。为了得到这个模型,需要大量的试验来获得所需参数,通常情况下这些数据是不公开的。

针对该问题,有学者还提出了模糊控制方法。Naranjo 提出了加速与制动模糊控制来实现"走-停"自适应巡航控制[52]。他设计了两个独立的模糊控制器来控制加速踏板和制动踏板,精确地定义了两个控制器的隶属度函数取值,从而避免两个踏板的同时操作。在该研究中，使用了 CTG 策略来给出被控车辆的期望间距。该系统装备在一个两车队列中，结论显示：自动驾驶车辆的表现与驾驶员操作相似，并能适应速度变化。

由于模糊控制器的主要优势为不需要被控对象的精确数学模型，例如，难以获得的车辆发动机模型和制动动力学模型，并且该控制策略使用语言性的描述来代替数学表达式表示驾驶员的行为经验[52,132]。基于以上优点，我们分别设计了模糊控制器来执行加速/制动控制，并通过逻辑切换系统来协调两个控制器。

3.4.2　加速与制动联合模糊控制器

（1）加速与制动联合模糊控制系统结构

为了解决下位控制器的设计问题，我们提出了图 3.11 所示的加速与制动联合模糊控制系统。

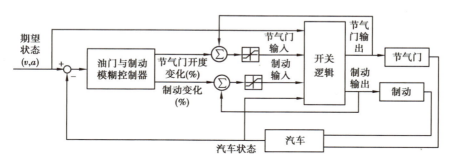

图 3.11　加速与制动联合模糊控制系统结构

首先，设计一个模糊逻辑控制器来完成加速踏板控制任务。控制器的输入变量是速度误差 E_v 和加速度误差 E_{acc}，输出变量是节气门开度的变化量 ΔTh。为了便于表述，我们使用百分比数值来表示节气门开度。0% 表示节气门全关，100% 表示节气门全开。当前节气门开度值 $Th(n)$ 是节气门开度变化量 $\Delta Th(n)$ 与上一时刻节气门开度值 $Th(n-1)$ 之和。这里的 n 代表离散的时间：

$$Th(n) = \Delta Th(n) + Th(n-1) \tag{3.52}$$

其次,基于相同的考虑,模糊控制器也应用于制动控制中。因为对一个驾驶员来说,制动踏板的操作逻辑与加速踏板相反。我们使用和加速踏板控制中相同的模糊逻辑,两个控制器唯一的差别是制动控制器的输出变量是制动力矩的变化量 $\Delta Br(n)$,它与节气门开度变化量 $\Delta Th(n)$ 互为相反数,即:

$$\Delta Br(n) = -\Delta Th(n) \tag{3.53}$$

可得,当前的制动力矩百分比为:

$$Br(n) = \Delta Br(n) + Br(n-1) \tag{3.54}$$

其中,$Br(n)$ 和 $Br(n-1)$ 分别代表在第 n 和第 $(n-1)$ 时刻制动力矩百分比的值,0% 表示没有制动,100% 表示最大制动。

然后,如图 3.11 所示,在节气门与制动模糊控制器之后均有一个饱和模块,饱和模块上下限值分别为 1 和 0,从而保证了节气门开度和制动百分比不超过 $[0,1]$ 的变化范围。

最后,我们设计了一个逻辑切换模块来避免加速与制动间的频繁切换,从而保证两个控制器的平滑操作。

(2)加速与制动模糊控制器

加速模糊控制器包括输入变量、输出变量、模糊规则和模糊推理。输入变量是两个误差变量,加速度误差 E_{acc} 和速度误差 E_v,如下所示:

$$E_{acc} = a_{des} - a \tag{3.55}$$

$$E_v = v_{des} - v \tag{3.56}$$

其中,a_{des} 和 v_{des} 分别代表上位控制器给出的期望加速度和速度。a 和 v 是被控车辆的实际加速度和实际速度,可由车载传感器得到。加速控制器的输出变量是节气门开度的变化量(%):ΔTh。

我们定义了两个输入变量的 5 个模糊子集:$Nb,Ns,Null,Ps,Pb$。对于输出也是 5 个模糊子集:$D\_inten,D\_sof,Null,A\_sof,A\_inten$,描述如下:

$$\{E_{acc},E_v\} = \{Nb,Ns,Null,Ps,Pb\} \tag{3.57}$$

$$\{\Delta Th\} = \{D\_inten,D\_sof,Null,A\_sof,A\_inten\} \tag{3.58}$$

图 3.12 分别显示了输入-输出变量隶属度函数。我们给出的每一个模糊子集的值都是来自专家经验和仿真实验。

1）模糊规则

专家知识与经验以模糊规则表的形式表示，模糊控制规则的具体形式是"IF（假设）THEN（结果）"。本书提出的模糊控制规则见表 3.3。

表 3.3　模糊规则表

		输入 2:加速度误差				
		Nb	Ns	$Null$	Ps	Pb
输入 1: 速度误差	Nb	$D-inten$	$D-inten$	$D-sof$	$D-sof$	$Null$
	Ns	$D-inten$	$D-sof$	$D-sof$	$Null$	$A-sof$
	$Null$	$D-sof$	$D-sof$	$Null$	$A-sof$	$A-sof$
	Ps	$D-sof$	$Null$	$A-sof$	$A-sof$	$A-inten$
	Pb	$Null$	$A-sof$	$A-sof$	$A-inten$	$A-inten$

2）模糊推理过程

模糊推理过程可分为三步:模糊化、模糊推理和去模糊化。在本工作中,我们使用三角形和梯形隶属度函数对模糊化过程进行处理,如图 3.12 所示,采用 Mamdani 推理方法求解模糊值,然后采用质心法进行去模糊处理。

对于制动控制,我们使用和加速控制一样的模糊逻辑控制器。唯一的差别是输出变量,如 3.4.2 小节（1）中所述。现在发现,以百分比数值来表示加速控制器输出和制动控制器输出的优势。实际上,节气门开度和制动力矩有不同的物理涵义和单位,使用百分比表示,可以将两个输出变量统一在［0,1］范围内,因此,可以将两个控制器简化为一个控制器。两个输出变量的关系如式（3.53）。

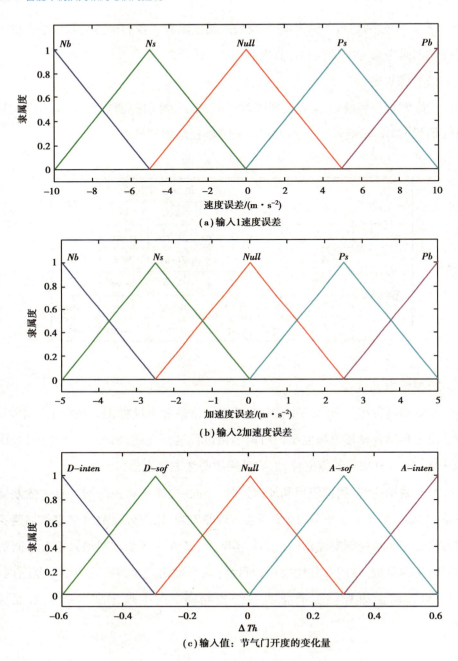

（a）输入1速度误差

（b）输入2加速度误差

（c）输入值：节气门开度的变化量

图 3.12　加速模糊控制器变量

（3）加速与制动切换逻辑

在前面的部分,我们设计了两个独立的加速控制与制动控制系统。本节将设计一个切换逻辑来协调加速与制动动作。切换逻辑的基本功能为:

①避免加速踏板和制动踏板同时操作,即在踩加速踏板前,需要松开制动踏板,反之亦然。

②避免两个踏板的频繁切换。

为了实现这些功能,我们的方法是综合以下信息:误差 $E_v(E_v=v_{des}-v)$;当前的节气门与制动状态;节气门输入 $Th\_in(Th\_in=Th(n))$;制动输入 $Br\_in(Br\_in=Br(n))$ 。然后使用切换逻辑来确定节气门与制动输出 Th_out 和 Br_out 。该逻辑切换模块如图 3.13 所示。

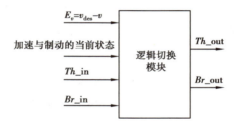

图 3.13　加速与制动切换逻辑模块

本工作中所提出的切换逻辑是受到人类驾驶员操作逻辑的启发。该切换逻辑的细节如图 3.14 所示。首先,使用变量 E_v(m/s),将该变量的工作区域划分为三个子区域,分别为 $E_v<-0.1$ 的减速区域,$E_v>0.1$ 的加速区域和 $-0.1\leqslant E_v\leqslant0.1$ 的保持区域。对于每个区域,都有相应的切换逻辑。切换逻辑是由一系列判断规则以"IF(假设)THEN(结果)"的形式表示。以减速区域为例,一共有三条规则:①如果当前的节气门/制动状态为 Th_a,则加速踏板正在被踩下,然后选择输出方案 Th_con,即 $Th\_out=Th\_in$,$Br\_out=0$。该规则意味着减小节气门输入可以使车辆减速(详细说明参照图 3.14 的脚注);②如果当前节气门/制动状态变为 Br_a 或 Zero,则使用输出方案 Br_con,即 $Th\_out=0$,$Br\_out=Br\_in$。

它意味着踩下制动踏板来实现减速。

保持区域是为了避免频繁地切换加速踏板/制动踏板状态。在该区域,输出方案始终保

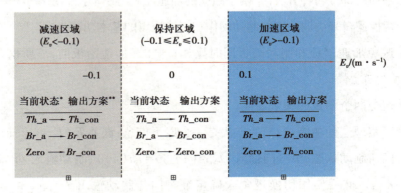

*三种加速/制动的状态分别是:Th_a(节气门控制被激活),Br_a(制动控制被激活),Zero(节气门或制动均不被激活);上述状态均由当前状态值(Th_out,Br_out)决定。如果$Th\_out>0.01$,则当前状态为Th_a;如果$Br\_out>0.01$,则当前状态为Br_a,否则为Zero。

**三种输出方案分别是:Th_con,Br_con,$Zero\_con$;Th_con指采用节气门控制,即$Th\_out=Th\_in$及$Br\_con=0$;Br_con指采用制动控制,即$Br\_out=Br\_in$及$Th\_con=0$;$Zero\_con$意味节气门和制动控制不采取任何动作。

图 3.14 切换区间与条件

持当前状态,如图 3.15 所示。由此可知当速度误差在[-0.1,0.1]范围时,禁止从 Zero 状态切换 Th_con 或 Br_con,由此避免了两个控制器之间频繁的切换。

在加速区域,切换逻辑的工作方式与减速区域类似。由于篇幅限制,我们不再赘述。

最后,上述切换逻辑可以用图 3.15 中所示的流程图来表示。需要注意的是,在判断加速(或制动)踏板当前状态的过程中,使用的阈值为 0.01。意思是如果当前加速(或制动)值大于 0.01,即 Th_a(或 Br_a)>0.01,则当前状态为加速(或制动)状态激活 Th_a(或 Br_a)。如果两者都不大于 0.01,则认为当前状态为 Zero。

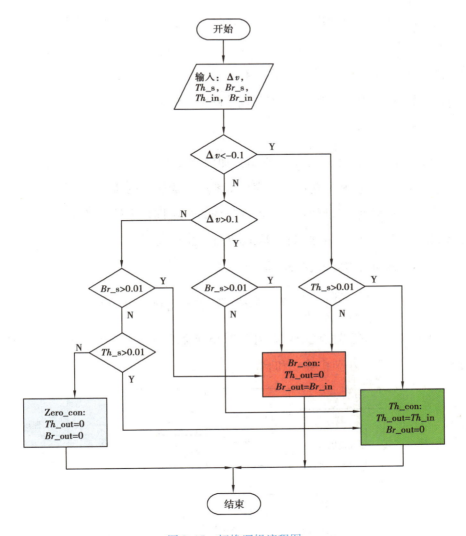

图 3.15 切换逻辑流程图

3.4.3 仿真测试

本节考虑一个两车队列。头车是驾驶员手动驾驶,跟随车辆是装备有纵向控制系统的自动车辆,该控制系统包括式(3.33)的上位控制器和 3.4.2 小节(2)中的下位控制器。

前车执行一系列操作来改变纵向速度,然后我们通过计算跟随车辆的速度,加速度和车辆间距以及相关误差等来测试纵向控制系统的性能。我们设计了较为复杂的仿真场景,它包括高速和低速巡航,加速和减速。此外,我们还将路面坡度变化视为外部扰动,以测试该控制系统的鲁棒性。

(1)车辆纵向模型

车辆纵向模型如图 3.16[45] 所示。加速指令和制动指令作为两个控制输入,输出为车辆速度和加速度。该模型不考虑车辆横向运动。

在这个模型里,车辆的各个基本部件作为有不同输入输出的子系统。这些子系统包括发动机、变矩器、变速器、驱动轴和主减速器。

由车辆纵向动力学方程[式(2.43)]得:

$$\ddot{x}\left(m+\frac{J_{wf}+\overline{J}_{wr}}{r_{eff}^2}\right)=\frac{1}{r_{eff}}(T_e\Psi R_gR_f-T_b-T_y)-\frac{1}{2}\rho C_dA_Fv_x^{2}-mg\sin\alpha$$

图 3.16 的车辆纵向模型可以用图 2.15 所示的车辆纵向仿真模型所描述。该模型已在 2.3.3 小节中建立和验证。

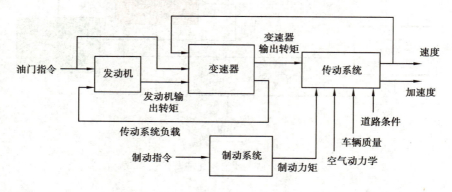

图 3.16 车辆纵向模型

首先考虑水平道路情况。仿真场景描述如下:开始两辆车以 10 m/s 匀速行驶,跟随车辆与前车间距为 5.6 m。从 $t=5$ s 到 $t=17$ s,前车的速度逐渐增加到 26 m/s,并保持这个速度直到 $t=30$ s。从 $t=30$ s 到 $t=42$ s,前车减速至 5 m/s。然后从 $t=42$ s 到 $t=53.3$ s,前车加速至 20 m/s 并保持这个速度。前车的速度和加速度工况详如图 3.17 所示。

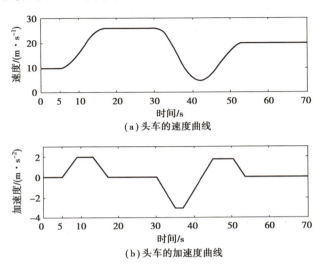

（a）头车的速度曲线

（b）头车的加速度曲线

图 3.17　头车的速度、加速度曲线

仿真结果如图 3.18 所示,展示了跟随车辆的速度和速度误差（$\Delta v = v_{\text{des}} - v$）。从图中可以清晰地发现在整个测试周期内,加速/制动模糊控制器实现了良好的速度跟踪。速度误差少于 0.15 m/s。

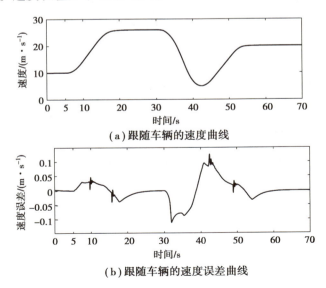

（a）跟随车辆的速度曲线

（b）跟随车辆的速度误差曲线

图 3.18　跟随车辆的速度、速度误差曲线

图 3.19(a)、(b)分别表示车间距和间距误差的时域图。后车与前车始终保持安全间距,这是由式(3.33)中所描述的安全间距策略(SSP)所决定的。由实验结果可知,跟随车辆与前车的最大间距误差保持在 0.25 m 以内,说明在该测试中车辆安全得到了保证。

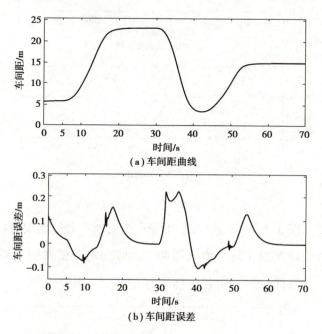

(a)车间距曲线

(b)车间距误差

图 3.19　车间距和车间距误差曲线

图 3.20(a)、(b)、(c)分别表示加速、制动、换挡的控制结果,我们能够发现加速与制动协调工作。在整个过程中,两个执行器既没有同时操作,也没有频繁切换。除此之外,除了节气门(开度)结果中有少许的震荡外,加速与制动操作时相当平稳。实际上,这些少许的震荡是由于液力变速器换挡操作引起的,如图 3.20(c)所示。

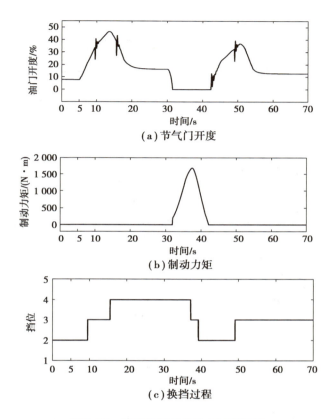

图 3.20　加速和制动曲线（水平路面）

（2）倾斜道路条件

在本次仿真中考虑了道路坡度。我们使用与上一小节仿真中相同的两车队列和相同的前车场景。道路条件描述如下：对于跟随车辆，从 $t=0$ 到 $t=5$ s道路是平坦的。在 $t=5$ s 到 $t=25$ s，道路条件是坡度为−2％的下坡。在 $t=25$ s到 $t=55$ s 道路变成坡度为 3％的上坡。此后坡度为 0。道路坡度示意图如图 3.21（a）所示。

跟随车辆的速度误差和间距误差如图 3.21（b）、（c）所示。结果显示：在有路面扰动的情况下加速/制动模糊控制器也能实现良好的速度跟踪和间距保持。最大速度误差小于 0.2 m/s，并且间距误差少于 0.25 m。

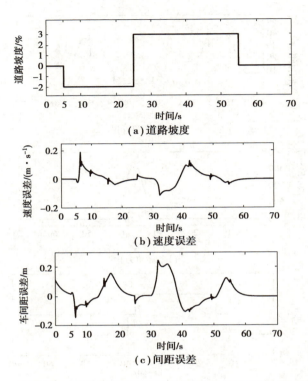

图 3.21　道路坡度、速度误差和间距误差（倾斜路面）

图 3.22(a)、(b)分别表示加速与制动的控制效果。结果显示:所提出的控制系统能够适应路面坡度的变化,并协调工作。

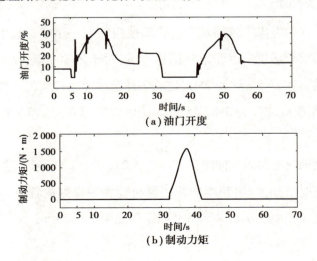

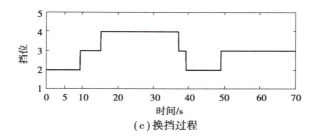

图 3.22　加速和制动曲线(倾斜路面)

3.5　结　论

在本章中,我们设计了车辆纵向控制系统。该纵向控制系统的结构是分层结构,包括上位控制器和下位控制器。

在上位控制器的设计中,以串稳定性、交通流稳定性和交通流量为约束条件,设计了间距策略及其相关控制方法。提出了安全间距策略(SSP),它利用车辆状态和车辆的制动能力来决定与前车的期望间距。分析结果表明,本书提出的 SSP 策略能够保证串稳定性和交通流稳定性。除此之外,通过 SSP 策略和传统 CTG 策略的仿真对比,能够发现 SSP 策略在提高交通流量上有明显的优势,尤其在高密度交通情况下。

在下位控制器的设计中,我们提出了加速和制动联合模糊控制器,这个控制器解决了发动机和制动系统中的非线性问题。此外还设计了一种切换逻辑来避免两个操作踏板的频繁切换以及同时操作。

以上提出的纵向控制系统经过一系列仿真验证是有效的。

第4章　车辆横向控制

4.1　简　介

根据美国国家公路与运输协会(American Association of State Highway and Transportation Officials, AASHTO)提供的道路事故统计数据,在美国,由于车辆脱离车道所造成的交通事故年均死亡人数高达 25 000 人,约占总交通事故死亡人数的 60%,如图 4.1 所示。车辆在弯道上的事故率是在直道上的 3 倍,另外,在所有交通事故中,约有 90% 的事故是人为因素造成的[58]。

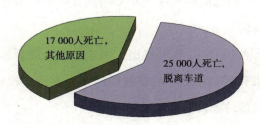

17 000人死亡,
其他原因

25 000人死亡,
脱离车道

图 4.1　美国道路事故统计图

在过去的 30 年中,自动高速公路系统(AHS)在缓解交通拥挤、提高交通安全等研究领域已有诸多重要进展。车辆横向控制系统作为该系统中最重要的子系统之一,利用车载传感器检测道路的中线,从而通过转向系统控制车辆沿当前车道行驶或移动到相邻车道。车辆横向控制系统的设计要求是在保证车辆平顺性的条件下,获得尽可能小的横向位置误差及横摆角误差。车道保持和车道变换是车辆横向控制系统的两个基本功能[59,133]。

车道保持系统(Lane Keeping System, LKS)可以自动控制转向系统,使得车辆沿着期望的路径行驶,在文献[60]中,Fenton 和 Selim 使用自适应方法设计了速度自适应横向控制器,该控制器是速度的非线性函数,需要全状态反馈,因此需要额外设计状态连接器。在文献[62]中,车辆根据横向位移偏差和横摆角偏差得到该车的期望横摆角速度,并设计了 PI 控制器来减小横摆角速度误差。在文献[63]中,介绍了三种基于视觉的横向控制策略:超前-滞后控制、全状态反馈控制和线性输入输出控制,并做了大量对比实验。尽管这些控制方法得出了尚可接受的结果,但是这些方法对于模型不匹配、未建模的动力学特性等因素过于敏感。另外,文献[64]中的滑模控制方法、[65]中的 H_∞ 方法和[67]中的自校正调节器,这些方法对于无人车辆的实时嵌入式控制系统显得过于复杂。

换道控制系统可自主引导车辆从当前车道变换到相邻车道,因此,当车辆传感器能够测量该车在左、右车道线中的位置时,车辆换道和车道保持的控制就近乎相同。其中一个解决方法是基于预瞄(Look-ahead)横向感知系统(如机器视觉系统),它能为车辆的横向运动提供较长、较宽的感知范围,横向控制器可利用该测量值模拟驾驶员行为,实现换道操作[63,68]。然而,机器视觉系统的可靠性容易受光线或恶劣天气条件的影响。基于俯视(Look-down)的车辆位置感知系统(如道路上安置的磁道钉)能够提高感知的可靠性。但是它的缺点是感知范围较小,在这种情况下,由于横向传感器无法同时检测到相邻的两条道路,车辆换道控制问题就变得复杂,车辆在换道时需要通过一段无参照物区间。

为此,针对换道操作,研究者提出了四种考虑了乘客舒适性和换道时间的虚拟期望轨迹(Virtual Desired Trajectory, VDT):圆弧运动轨迹、正弦函数运动轨迹、五阶多项式轨迹、梯形加速度轨迹,利用换道时间作为性能指标,对这四种轨迹进行评价,并将横向加速度及加速度变化率作为约束条件,车辆速度作为设计参数。在文献[23,70]中梯形加速度轨迹被选为最优方案。采用梯形加速度轨迹将换道问题转变为轨迹跟踪问题。通过这种方式,我们就能够用统一的控制算法来跟踪车道,同时解决了车道保持问题和换道问题,使横向控制系统更简单、更紧凑。

考虑到车辆横向动力学是一个包含很多不确定性因素的系统,如不同的驾驶模型、场景信息、目标、约束、控制策略等[134],本书设计了一个多模型模糊控制器,选择该控制方法有如下原因。一方面,模糊控制有两个主要特点:①能够使用语言控制规则模仿驾驶员的认知和驾驶技巧;②不需要被控车辆的精确数学模型[135]。文献[136]提出了基于知识的模糊控制器作为公交车的横向运动控制器。另一方面,多模型控制方法善于处理复杂、非线性及不确定性系统,对于控制一些参数变化较大的系统有很大潜力。在文献[137-138]中,作者研究了多模型控制方法,并在文献[139]中为车辆纵向控制设计了一个多模型控制器。因此,结合这两种方法的优势,我们提出了一种多模型模糊控制器。

基于上述讨论,本章车辆横向控制系统的设计目标为:

①它能够提供适用于多种车辆横向运动的控制框架(比如车道保持、车道变换、超车等)。

②它能够在不同工况下,得到较小的横向位移误差和横摆角误差,并能保证乘坐舒适性。

③它对车辆参数的变化具有一定的鲁棒性(比如速度、车辆负载、轮胎侧偏刚度、路面情况等)。

本章的内容如下:4.2 节介绍多模型方法的基础理论;4.3 节介绍横向控制系统的框架;4.4 节分析车辆横向动力学特性;4.5 节设计三种横向控制器:抗饱和 PID、模糊控制器和多模型模糊控制器;在 4.6 节进行了仿真实验。

4.2　多模型控制方法

4.2.1　引言

随着车辆、各类工程系统的复杂性不断增加,这些复杂系统的控制器设计变得越发困难。为解决该问题[140],Zadeh 提出了不相容原理:"随着一个系统复杂性的增加,我们对其行为做出精确而有意义的陈述的能力就会减少,直到达到一个阈值,一旦超过这个阈值,精确性和相关性(或意义)几乎成为相互排斥的特征。"因此,我们认识到复杂系统的模型和分析将比简单系统的难度更高。受此启发,我们可以寻找其他的模型表示方法和工具,它们比以往的传统控制方法更适用于那些不具备精确模型的系统,而传统方法适合用于具有中低复杂度模型的控制问题。这种思想在文献[141-143]中被提出,也代表了模糊逻辑、神经网络、专家系统等智能控制方法的趋势。

日常生活和工程领域中解决复杂问题的一般策略是分而治之。该策略可以将复杂问题分解为一系列相互独立的简单子问题,对应地得到各个子问题的解决方法,从而解决原始复杂问题。因此,这个策略同样可应用于复杂系统的建模或控制问题。复杂系统(非线性或时变系统)可被分解为一系列简单子系统,所有子系统的解构成了系统的全局解,这就是多模型系统方法的主要思想。成功应用这种方法的关键之一是找到能够将原始问题进行分割的轴线,使原始问题能够被分解,其中,实现分解的一个重要方法是工作区间法。

工作区间法的基础是分割原始系统的工作区间,进而解决建模和控制问题,该工作区间方法产生了多模型或多控制器方法,如图4.2[141]所示,我们可以在不同的工作区间建立局部模型或控制器,利用协调模块协调这些局部模型或控制器。在随后的章节中,我们将会介绍工作区间法和多模型控制方法。

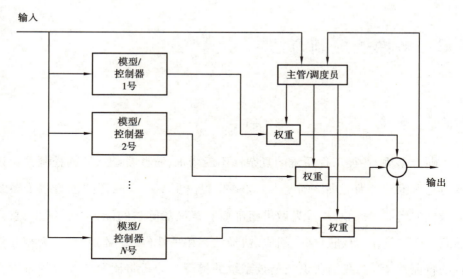

图 4.2 多模型/控制器方法

4.2.2 工作区间法与多模型控制方法

（1）工作区间法的框架

一个复杂系统的完整工作区间可被分解成一系列子区间,如图 4.3 所示。在每个子区间中,对应有局部模型或控制器。通过整合局部模型或局部控制器,最终得到整体模型或整体控制器。工作区间方法主要包括以下任务[141]:

①将系统的整个工作区间分解为多个工作区间。

②在每个工作区间内,选择简单的局部模型或控制器结构,局部模型或控制器结构通常由某些特定的变量作为参数。

③将局部模型或控制器整合成为一个全局模型或控制器。

对于有多变量影响的复杂系统,工作区间的分割是一个高维问题。在大部分的科学领域中,处理复杂、高维问题的常见方法是采用分层结构[144]。该方法的第一步是根据最重要的特征量,将整体工作区间大致分解为一些子工作区间,接着每个子工作区间又可进一步基于其他特征量进行分解,如图 4.4 所示。

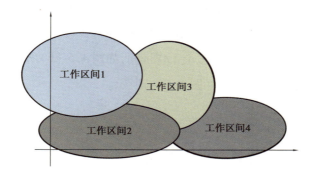

图 4.3　复杂系统的工作区间的分解

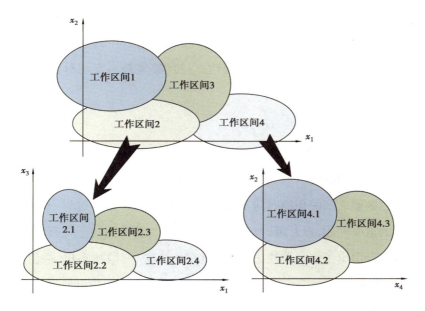

图 4.4　复杂系统的工作区间的分解示意图

除了上述基于工作区间的分解法,还可以基于以下几种因素来进行分解:物理元件、物理现象、数学级数的展开、控制目标等(更多的考虑因素请详见文献[141])。

(2)局部与整体的权衡

在采用工作区间法时,我们需要在工作模型数量与局部模型复杂度二者间权衡。图 4.5 展示了两者间的权衡关系，虚线是近似函数，实线是近似的局部模型。图 4.5(a)将工作区间划分为很精细的区间，各局部模型可用常量表示。如果使用线性局部模型，则需要三个工作区间，如图 4.5（b）所示。如果使用二次模型，则需要两个工作区间，如图 4.5(c)所示。

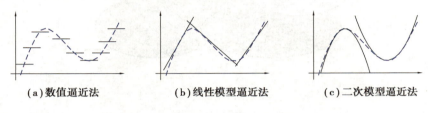

(a)数值逼近法　　　　　(b)线性模型逼近法　　　　　(c)二次模型逼近法

图 4.5　局部模型的逼近方法

我们可以发现，对于一个平滑的目标函数，利用区间分割法，可以通过将工作区间分割得足够细或者将局部模型建立得足够复杂来实现对整体模型的准确逼近[145]。

（3）局部模型和控制器的整合

在前面的小节中，我们简要讨论了工作区间分割法和局部控制器的选择问题，下一步是整合局部模型或局部控制器。实际上，整合过程即是决定局部模型或局部控制器之间的切换时间及切换方式。因此，在整合过程中我们应考虑工作区间的重叠问题，以及瞬时切换时如何平稳过渡的问题。现有的研究对局部模型的整合提出了多种解决方法，如模型切换法、有限状态机、插值法、模糊控制方法、概率方法等[140,146-169]。在接下来的内容中，我们将以模型切换法和插值法为例来解释如何实现系统的整合。

1)硬分区和模型切换法

硬分区的基础思想是在每个工作点上，都存在一个对应的局部模型或控制器作为该点位置处的确定性函数，在这个条件下，模型切换法是较为常用的方法。例如，一个复杂系统可以被分割成四个工作区间，如图 4.6 所示。对于每个工作区间 $i, i \in 1,2,3,4$，均有一个对应的局部模型 f_i，整个控制系统可以用以下的逻辑语句描述。

If x_1 is HIGH，AND x_2 is LOW，

$$(4.1)$$

THEN the system is operating in the Regime 4

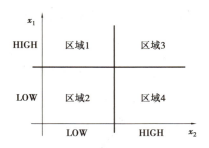

图 4.6　硬分区法

在实践中，基于工作区间硬分区的模型或控制器，可以应用到简单的离散逻辑系统以及复杂的专家系统等多种情况，如启动、关机、产品变化等，已经成为制造业中处理多种工况的标准方法。

该方法的整体描述为假设建模问题是一个静态函数逼近问题，每个工作区间的局部模型 $f_1, f_2, \cdots, f_n$ 是已知。工作区间必须涵盖整个工作范围，且相互之间无重叠，则全局近似模型为：

$$f(u) = \sum_{i=1}^{n} f_i(u) r_i(u) \qquad (4.2)$$

式中　$r_i(u)$——第 i 个工作区间的特征函数。

2）软分区和插值法

对于工作区间的硬分区，存在相邻工作区间的突然切换，在某些情况下，工作区间的瞬时变化是不平滑的。例如，当工作点在不同工作区间中移动时，系统行为是逐渐变化的。在这种情况下，工作区间之间需要有一个过渡来实现不同区间间的平滑转换。

再次回到图 4.6 所示的分区图。如果两个区间 LOW 和 HIGH 的边界是柔性的，即两个区间之间存在重叠区域，在系统整合时则需要将局部模型或局部控制器进行混合。

可用于描述工作区间之间的软边界的方法包括模糊逻辑[140,150]和插值方

法[148],式(4.1)作为模糊规则,将 LOW 和 HIGH 定义为模糊子集,如图 4.7 所示。基于一系列的模糊规则可建立模糊逻辑的推理系统,这种推理机制可以视为插值算法,根据所在工作区间的不同,给予局部模型或控制器相应的权重。

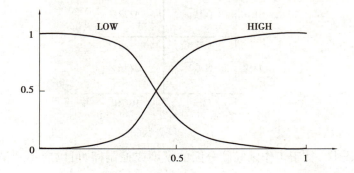

图 4.7　LOW 与 HIGH 的隶属度函数

再次考虑上面提到的近似问题,由插值方法得到全局近似表达式:

$$f(u) = \sum_{i=1}^{n} f_i(u)\rho_i(u) \tag{4.3}$$

其中,平滑权重函数 $\rho_1,\rho_2,\cdots,\rho_n$ 提供工作区间的软过渡,权重函数为:

$$\sum_{i=1}^{n} \rho_i(u) = 1 \tag{4.4}$$

在模糊逻辑推理中,

$$\rho_i(u) = \frac{r_i(u)}{\sum_{j=1}^{n} r_j(u)} \tag{4.5}$$

函数 r_i 是模糊子集对应第 i 个工作区间的隶属度函数。

(4)多模型方法总结

多模型方法已被公认为是一种应对复杂系统的有效方法。通过"分而治之"策略,复杂系统(非线性或时变)可以被分解为一系列简单子系统,然后将每个局部子系统的解整合成全局解,这就是多模型方法的主要策略。成功应用该方法的两个关键:①找到合适的问题分割线;②设计切换时间与切换方法。

4.3　横向控制系统的结构

车辆横向控制系统所采用的结构是一个两层的分层控制模型[134]，受文献[151]启发，设计了一个模拟驾驶员操作的车辆横向控制系统，如图 4.8 所示。智能感知模块从感知系统获取速度、加速度、角速度、侧向位移等信息，规划模块提供决策信息，它接收并检查所有感知数据，并选择正确的操作（车道保持或车道变换）。通常，在车道保持阶段，规划模块是采用参考路径/传感器系统来实现车辆在当前道路行驶。当换道动作开始时，参考路径变为虚拟期望路径（VDT），并切换为换道控制器使得车辆跟踪 VDT。其中，在设计 VDT 时需考虑乘坐舒适性和换道时间，使得两种控制模式之间的切换平滑且有效。

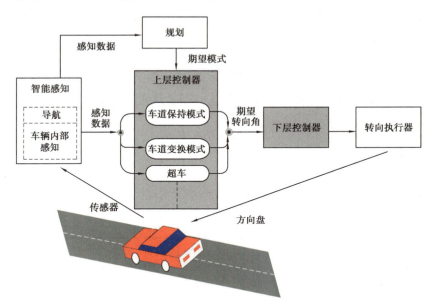

图 4.8　车辆横向控制系统的分层结构

上层控制器模块接收来自规划模块的决策，并基于感知数据计算出车辆自动驾驶所需的期望转向角。在车道保持和车道变换控制器中，为车道跟踪任务设计了一种多模型模糊控制器。本书中,车道保持和车道变换控制器间主要有两个区别,首先是两个控制器使用不同的期望路径,其次是车辆横向位置获得方式不同。对于车道保持系统,横向位置可直接通过横向感知系统获得,而在车道变换控制器中,车辆横向位置是由横向加速度信号的两次积分获得。

下层控制器从上层控制器接收期望转向角,并为转向机构(如直流电动机)产生相应的控制信号,使得被控车辆能够跟踪期望轨迹。

4.4 车辆横向动力学分析

4.4.1 自行车模型

为了设计有效的车辆横向控制器,首先,需要了解车辆横向动力学特性。在 2.4 节中,我们已经基于不同的假设和不同的应用条件,建立了车辆横向运动学模型和动力学模型。本章的目的是为高速公路上的车辆行驶设计一个横向控制器,因此需要考虑横向动力学模型,而不是运动学模型。回顾式(2.66)的自行车模型,它是一个标准的 4 阶状态空间表达式:

$$\dot{X} = AX + B_1\delta + B_2\rho \qquad (4.6)$$

其中,X 是状态变量,$X = (e_1, \dot{e}_1, e_2, \dot{e}_2)^\mathrm{T}$。

式(4.6)中的参数说明详见表 4.1。

表 4.1   自行车模型参数

e_1	车辆重心到车道线中心的距离(m)
e_2	车辆方位角相对于车道线的误差(rad)
δ	转向角(rad)
ρ	道路曲率半径(1/m)

续表

m	质量（1 485 kg）
v_x/v_y	纵向／横向车辆速度（m/s）
I_z	转动惯量（2 872 kg·m^2）
l_f/l_r	车辆重心到前轴／后轴的距离（1.1 m/1.58 m）
C_{af}/C_{ar}	前/后轮胎的侧偏角刚度（$C_{af}=C_{ar}=42\ 000\ \text{N/rad}$）

尽管自行车模型非常简单，但已被证明在横向加速度为 0.4g 以内的干燥路面上，能够较好地反映车辆动力学特性。

4.4.2　参数变化的开环响应

若在系统模型(4.6)中使用固定参数值，则自行车模型可描述为线性时不变(LTI)模型。然而，在高速公路的行驶中，车辆的纵向速度不总是恒定的，此时，线性时不变系统(LTI)就变成了线性时变系统(LTV)。此外，其他参数，如车辆负载和轮胎侧偏角刚度等，也不是恒定的。这些参数的变化将会导致不同的车辆横向特性。因此，我们利用伯德图来研究由车辆参数变化而产生的改变，从而找到车辆横向运动和车辆控制器设计的关键参数。这对于了解车辆横向动力学特性和设计车辆控制器十分重要。

图 4.9(a)所示为车辆分别在 30,60,90 km/h 时的频率响应伯德图。在相位图中，随着速度的变化，曲线的形状变化较大，特别是在车辆工况常见的频率范围 [1,20] rad/s 内。图 4.9(b)则显示了车辆在 60 km/h 时，分别在 0.8m，1m，1.3m 下相应的频率响应（m 为车辆质量，其值见表 4.1）。通过对比两个状态下的相位图，可以清楚地看到当车辆速度变化时曲线变化得更剧烈，车辆质量变化的影响是非常有限的。因此，在车辆横向控制器设计中，速度的影响应该被放在首要考虑的位置。

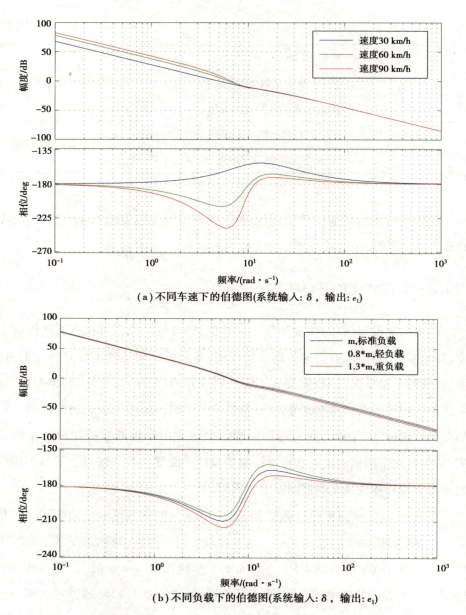

（a）不同车速下的伯德图(系统输入：δ，输出：e_1)

（b）不同负载下的伯德图(系统输入：δ，输出：e_1)

图4.9　参数变化下的系统开环响应

4.5　横向控制器的设计

在前几节中,已经讨论了横向控制系统模型和车辆横向动力学特性。在本节,我们将设计一个分层控制结构的横向控制器,用于处理车辆横向动力学中的参数变化。同时设计抗饱和 PID 控制器、模糊控制器和多模型模糊控制器,并对这些控制算法的结果进行比较,从而找出合适的横向控制方法。

4.5.1　抗饱和 PID

（1）传统 PID 控制器

PID 控制器是最常见的反馈控制形式,广泛应用于工业控制系统中。PID 控制器包括 3 个独立的参数:比例(proportion),积分(integration),微分(derivation),表示为 P,I,D。图 4.10 为 PID 控制器的框图,其输出表达式为:

$$u(t) = K_p\Big(e(t) + \frac{1}{T_i}\int_0^t e(\tau)\,\mathrm{d}\tau + T_d\frac{\mathrm{d}e(t)}{\mathrm{d}t}\Big) \tag{4.7}$$

式中　K_p——比例系数;

T_i——积分时间常数;

T_d——微分时间常数;

$u(t)$——控制变量;

$e(t)$——误差。

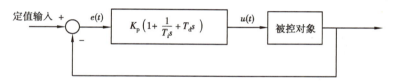

图 4.10　PID 控制系统框图

PID 控制器的三个元素有以下特性：

①P：与 t 时刻的误差成正比，即为"当前"误差。

②I：与 t 时刻的误差积分成正比，即为"过去"误差的累积。

③D：与 t 时刻的误差导数成正比，即为"未来"误差的预测。

通过调整 PID 控制器中的三个参数，控制器就能根据特定过程中的要求来设计控制操作。PID 调节有多种方法，其中 Ziegler 和 Nichols 提出了两种最有效的方法[152]，这两种方法及其改进已得到广泛应用。

在此，为了确定合适的 PID 参数值，使用式（2.66）中所描述的车辆横向动力学模型，转向角作为系统输入，横向位移为系统输出。我们选定车辆速度为 50 km/h，通过 MATLAB/Simulink® 仿真，可以发现车辆横向系统的阶跃响应不是 S 形曲线，Ziegler-Nichols 第一种方法不适用于本研究。因此，我们采用 Ziegler-Nichols 的第二种方法来确定参数值。

首先，令 $T_i = \infty$，$T_d = 0$。仅使用比例控制，如图 4.11 所示，调节 K_p 值，从 0 增加至临界值 K_{cr}，使得输出为振荡波形。可得到临界增益 $K_{cr} = 2.6$，其相应的周期 $P_{cr} = 0.693$ s，使用表 4.2 中 Ziegler-Nichols 方法的公式，可以计算参数 K_p，T_i 和 T_d：

$$K_p = 1.56, T_i = 0.347, T_d = 0.087 \tag{4.8}$$

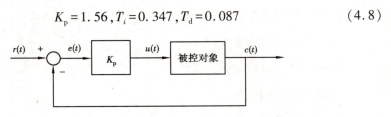

图 4.11　比例控制系统

表 4.2　基于 K_{cr} 和 P_{cr} 的 Ziegler-Nichols 参数调整规则（第二方法）

控制器类型	K_p	T_i	T_d
P	$0.5K_{cr}$	∞	0
PI	$0.45K_{cr}$	$\dfrac{1}{1.2}P_{cr}$	0
PID	$0.6K_{cr}$	$0.5P_{cr}$	$0.125P_{cr}$

使用上面的值可以得到 PID 控制系统的阶跃响应,如图 4.12 所示。很明显,结果不太满意,输出是振荡的,稳定时间大约为 20 s,意味着振幅衰减缓慢。另外超调较大,最大超调量为 69% 。因此,需要额外的微调以获得良好性能,由于最重要的是减少稳定时间,我们以 0.05 作为步长逐渐增加 T_d 值,并通过 MATLAB/Simulink® 来计算结果。一旦稳定时间达到 3 s(允许误差为 0.5%)时,则退出程序,返回最终值 T_d,通过这种方法得到 $T_d = 0.385$。因此新的参数值为:

$$K_p = 1.56, T_i = 0.347, T_d = 0.385$$

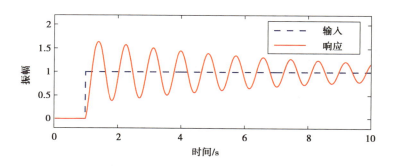

图 4.12　PID 控制器初调后的阶跃响应

PID 控制器在新参数下的阶跃响应如图 4.13 所示,应该注意的是,增加 T_d 的好处是减少超调,控制效果比之前更好。稳定时间小于 3 s,并且最大超调降至 25% 。

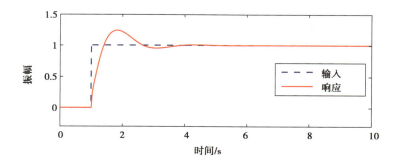

图 4.13　PID 控制器细调后的阶跃响应

（2）抗饱和 PID

虽然上述设计的 PID 控制器在本次阶跃响应实验中表现良好,但在阶跃发生时,PID 输出值远大于 45°,超出了路面车辆机械转向系统的极限。此外,对于路面车辆,考虑到车辆乘坐舒适性的要求,横向控制系统的输出应限制为 0. 175 rad(或 10°), 可在 PID 控制系统中增加饱和模块,如图 4.14 所示,饱和算法表示为:

$$u_s(t) = \begin{cases} -0.175 & u_n(t) \leqslant -0.175 \\ u_n(t) & -0.175 \leqslant u_n(t) \leqslant 0.175 \\ 0.175 & u_n(t) \geqslant 0.175 \end{cases} \qquad (4.9)$$

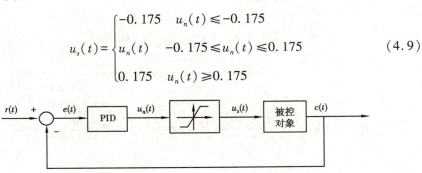

图 4.14　有饱和模块的 PID 控制器

饱和模块是一个非线性元件,该模块会在 PID 控制系统中引起积分器饱和现象,从而使 PID 控制器的性能甚至控制系统的稳定性变差。以往的研究提出了不同的抗饱和算法,如设定点限制、增量算法、反算等[153]。在这项工作中,我们使用传统的反算法处理抗饱和现象。

反算法的工作原理如下:当输出饱和时,重新计算控制器中的积分项,并在饱和极限内输出新的值。图 4.15 为基于反算法的抗饱和 PID 控制器的原理图,该系统有一个额外的反馈路径,可以通过测量饱和模块两端的误差信号 $e_s(t)$ 得到,$e_s(t) = u_s(t) - u_n(t)$。信号 $e_s(t)$ 通过增益 $1/T_t$ 传输到积分器的输入端,使用经验公式 $T_t = \sqrt{T_i T_d} = 0.366$[153]。因此,抗饱和 PID 控制系统的参数值为:

$$K_p = 1.56, T_i = 0.347, T_d = 0.385, T_t = 0.366$$

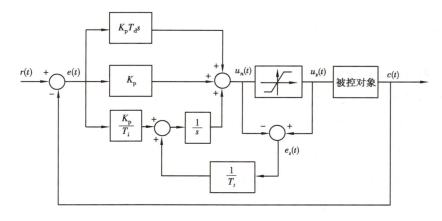

图 4.15　抗饱和 PID 控制器

　　然后,我们使用阶跃输入来测试所设计的控制器。正如在 4.4 节中所述,车辆的速度对车辆横向动力学特性有很大的影响,因此,测试上述控制器对车辆速度的变化是否鲁棒是有意义的。测试将分别以 80,40,20,10 km/h 的速度进行。

　　图 4.16 所示为抗饱和 PID 的阶跃响应曲线。可以看出,车辆速度在 80 km/h 和 40 km/h 时的阶跃响应特性比在低速区域内的响应要好。随着车速的降低,控制器的效果明显变差。这说明该 PID 控制系统只能在一定速度区域内表现良好,对速度变化的鲁棒性较差。

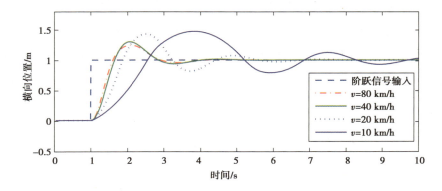

图 4.16　抗饱和 PID 控制器在不同速度下的阶跃响应

4.5.2 车辆横向模糊控制

模糊逻辑控制是一种常见的非线性控制方法,可以用来控制一些建模困难的复杂系统。由于车辆横向动力学系统是一个典型的具有多种不确定特性的系统,包括驾驶模型、传感信息、控制目标、约束和控制行为等,因此基于模糊逻辑的控制器被广泛用于车辆横向控制[154]。

在文献[154]中,设计了一种自适应模糊逻辑控制器,它有两个输入,一个输出以及一个自适应模糊规则表,它是由驾驶员的经验推导得出的。在车速80 km/h 的直行车道和车速 40 km/h 的弯道上进行仿真实验,结果证明了该方法的有效性。然而,低速下的跟踪结果在其研究中没有显示。

文献[72]、[73]介绍了一种基于模糊规则的横向控制器,用于类似于高尔夫球车的 AGV(Autonomously Guided Vehicle)控制。在他们的研究中,车辆速度对转向角(进而对角速度)的耦合效应没有明确的说明,反之亦然。为此,作者设计了纵向和横向两个独立的控制器,并在不同的车辆负载和车速下进行了仿真实验。然而,该文中的车速仅在 3～7 m/s(即[10.8 km/h,25.2 km/h])范围内变化,这对于高尔夫球车来说是合理的,但对于高速公路车辆运行是远远不够的。

我们已知车辆速度对车辆横向动力学有很大的影响,那么如何使用前面提到的横纵向解耦模型的模糊控制器来解决这个问题是很有意义的。在下一小节中,我们将以文献[154]为例,研究横向控制器如何在不考虑车速影响的情况下工作。

(1)车辆横向模型

车辆模型使用文献[154]中的运动学模型,如图 4.17 所示,其表达式为:

$$\begin{cases} \dot{\theta}(t) = \tan\varphi(t)\dfrac{v(t)}{L} \\[2mm] \dot{y}(t) = \sin\theta(t)v(t) \\[2mm] \dot{x}(t) = \cos\theta(t)v(t) \\[2mm] \varphi(t) = f(\theta,t) \end{cases} \tag{4.10}$$

式中　L——轴距；

　　　θ——横摆角；

　　　φ——车辆转向角。

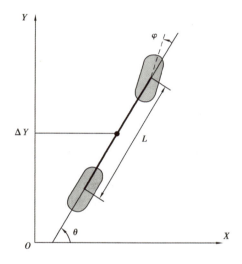

图 4.17　自行车模型示意图

（2）输入和输出变量

模糊控制器的两个输入变量为：横向位移 ΔY 和其变化率 $\Delta\dot{Y}$；其输出变量为转向角 φ。对于每个变量，都有 7 个模糊集，描述为：

$$\{\Delta Y,\Delta\dot{Y},\varphi\} = \{s1,s2,s3,ce,b1,b2,b3\} \tag{4.11}$$

隶属度函数采用正态分布函数，如式（4.12）：

$$\mu(x) = \exp\left[-\left(\dfrac{x-a}{b}\right)^2\right],(b>0) \tag{4.12}$$

输入与输出变量的隶属度函数如图 4.18 所示。

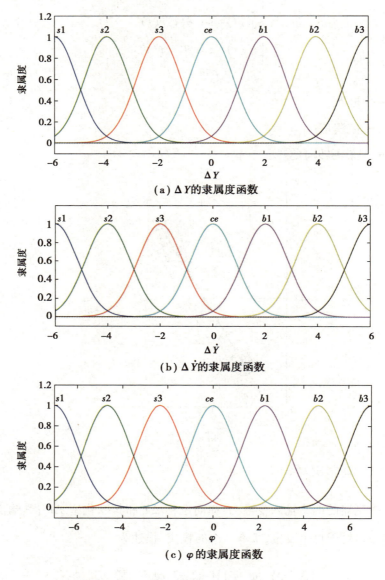

(a) Δ Y的隶属度函数

(b) Δ Ẏ的隶属度函数

(c) φ的隶属度函数

图 4.18　隶属度函数

（3）模糊控制规则

模糊控制规则的形式为"IF（假设）THEN（结果）"，建立了由驾驶员经验推导出的 49 条模糊规则,见表 4.3。

表 4.3　模糊规则库

		输入变量2:$\Delta \dot{Y}$						
		s1	s2	s3	ce	b1	b2	b3
输入变量1:ΔY	s1	b3	b3	b2	b2	b1	ce	ce
	s2	b3	b3	b2	b2	b1	ce	ce
	s3	b3	b3	b2	b1	ce	s2	s2
	ce	b3	b3	b2	ce	s2	s1	s1
	b1	b2	b2	ce	s3	s1	s1	s1
	b2	ce	ce	s3	s2	s2	s1	s1
	b3	ce	ce	s3	s2	s2	s1	s1

(4)仿真结果

为验证该模糊控制器的跟踪性能是否对车辆速度的变化具有鲁棒性,我们采用阶跃信号作为输入,得到不同速度下的阶跃响应。

图 4.19 所示为该模糊控制器的阶跃响应。可以看出该车在 80 km/h 与 40 km/h 下的结果较好,但随着速度的递减,结果也变差。结合文献[154] 中的结果可以看出,该模糊控制器能够在中、高速的车速区间内有较好的适应性,但在低速区间的表现不尽如人意。因此,如果我们需要设计一个适应所有车速的自适应横向控制器,速度的变化是其中必须考虑的因素。

需要指出的是,文献[154]中所使用的车辆模型为运动学模型,只是 2.4 节中式 (2.44)的简化版本。该运动学模型忽略了一些动力学因素,它们只适用于低速工况运行的车辆,并不适用于高速公路。

根据模糊控制器和 PID 控制器的阶跃响应,如图 4.19 和图 4.16 所示,尽管所用的车辆模型不相同,通过对比可得出以下结论:

①模糊控制器和 PID 控制器在中高速区域的控制效果比低速区域好。

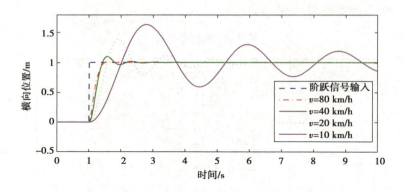

图 4.19　传统模糊控制器在不同速度下的阶跃响应

②模糊控制器比 PID 控制器的效果好,因为在速度 80 km/h,40 km/h, 20 km/h 下,与 PID 控制器相比,模糊控制器有较小的超调和稳定时间。

4.5.3　多模型模糊控制

在 4.5.1 小节和 4.5.2 小节中,已经研究了抗饱和 PID 和模糊控制方法。尽管模糊控制方法比 PID 控制方法更具优势,但在车速发生变化时,结果仍不理想。这是由于上述方法没有考虑车速变化,而对于高速公路,车辆速度会在较大范围内变化。接下来,我们将致力于设计一种对速度变化具有鲁棒性的横向控制器。

在 4.2 节,我们介绍了一种多模型控制方法,它能处理非线性和大范围参数变化的复杂系统控制问题。因此,我们将使用该方法来处理车辆横向控制器设计中的速度变化问题。

(1)工作区间的分解

设计多模型控制器的第一步是找到合适的工作区间分割线。显然,在本章中车辆速度就是"合适的分割线"。在高速公路行驶中,车速在较大范围内变化,通常为[0, 120]km/h。因此,如何根据车辆速度进行区间分割,我们需要回答以下的两个问题:

①应分解为多少个工作子区间？（与之关联的是一个子区间应该对应多大的速度区间）

②两个相邻子区间之间是否应设计过渡区？（与之关联的是应该选择软分区法还是硬分区法）

问题1:应分解为多少个工作子区间？

对于第一个问题,因为速度是分解工作区间的依据,所以分解过程比那些有多个划分因素的系统更简单。此时我们需要确定将整个速度区域划分为多少个区间,其中,区间个数和局部模型复杂程度的关系需要权衡考虑[详见4.2.2小节(2)]。

一种可行的方法是将整个速度区域划分为许多精细的工作区间,每个区间建立一个简单的局部模型。例如,我们将速度区域划分成 12 个相等的子区间:[0, 10],[10, 20],…,[110, 120] km/h。当速度区域的划分足够精细时,在每个区间内,当速度变化时车辆横向动力学特性可看作是相似的。为每个区间相应地设计一个简单的局部控制器,例如4.5.1小节中的 PID 控制器。此方法将会得到 12 个工作区间和 12 个局部 PID 控制器。

相反地,另一种方法是将整个速度区域大致划分成几个工作区间,并为每个区间设计一个稍复杂的局部控制器。比如,将速度分割成4个工作区间,每个区间的步长为30 km/h。例如:[0, 30],[30, 60],[60, 90],[90, 120] km/h。随着每个分区的速度范围变大,局部控制的适应性也应更高。模糊控制器对于处理不确定性和非线性系统有着良好的性能,因此,该种方法可设置为 4 个工作区间和 4 个局部模糊控制器。

比较上述两种分区方法,后者较好,有两个主要原因:①从系统设计的角度后者只有 4 个局部控制器,比前者的 12 个局部控制器更简单明了;②模糊控制器比 PID 控制器准确性及适应性更高,见 4.5.2 小节。

问题2:相邻两区间是否应该有过渡区？

此时我们需要考虑第 2 个问题,也就是说是否需要在相邻的两个工作区间设置过渡区域。在4.2.2小节提到的硬分区方法,会导致模型切换时的不连续,由此引起的参数急剧变化会对车辆乘坐舒适性产生较大影响。因此,我们需要对相邻的两个工作区间设置过渡区域,以便实现平滑过渡。本书使用的是软分区方法。

对于前文所提到的4个工作区间:[0,30],[30,60],[60,90],[90,120] km/h,在相邻两个区间中设置10 km/h 的过渡区。为便于表达,我们对每个区间命名如下:Low(低),Medium-Low(中低),Medium-High(中高)和 High(高)。工作区间的划分如图4.20所示。

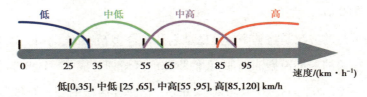

图4.20　工作区间划分图

在下面小节中,将介绍基于工作区间的多模型控制器设计。

(2)多模型模糊控制器设计

在本小节,我们提出一种多模型模糊控制器来执行车道保持任务。首先,根据前文提出的4个工作区间,分别设计了4个基于模糊逻辑的局部控制器,分别命名为低、中低、中高和高。为了得到一个全局控制器,还需设计一个融合模块将4个独立的局部控制器融合成一个整体。该融合模块决定每个局部控制器的权重函数。该模块是基于模糊策略设计的,保证各工作区间之间的平滑和准确地过渡。控制系统结构如图4.21所示。

对于4个局部控制器,我们使用相同的模糊控制器结构、模糊规则和去模糊算法。只有各控制器输入/输出变量的隶属度函数值是变化的。

1)输入变量和输出变量

我们为模糊控制器设计输入变量为横向位置误差 $E1$ 和横摆角误差 $E2$,输出变量为前轮转向角 δ。两个输入变量的3个模糊子集为:*Left*,*Center*,*Right*。

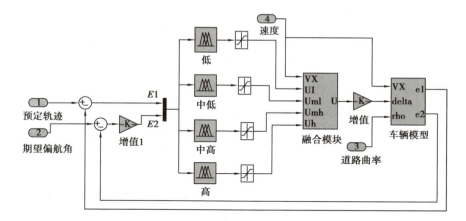

图 4.21 多模型模糊横向控制器框图

输出变量的 5 个模糊子集为：$Left\ B, Left\ S, Center, Right\ S, Right\ B$，可表示为：

$$\{E1, E2\} = \{Left\ , Center, Right\} \tag{4.13}$$

$$\{\delta\} = \{Left\ B, Left\ S, \ Center, Right\ S, Right\ B\} \tag{4.14}$$

图 4.22 为输入变量和输出变量的隶属度函数。变量值见表 4.4，这些数值由专家经验和大量模拟实验得到。

表 4.4 隶属度函数的变量

	局部控制器			
	Low（低）	Medium-Low（中低）	Medium-High（中高）	High（高）
y_l / y_r	−0.2 m/0.2 m	−0.3 m/0.3 m	−0.4 m/0.4 m	−0.5 m/0.5 m
a_l / a_r	−10°/10°	−6°/6°	−4°/4°	−3°/3°
$\delta_{lmax} / \delta_{rmax}$	−20°/20°	−12°/12°	−8°/8°	−6°/6°

2）模糊规则表

模糊规则表根据专家经验指定，规则形式为"IF（假设）THEN（结果）"。该规则表适用于 4 个局部控制器。模糊控制规则表见表 4.5。

表 4.5　模糊规则

		输入变量 2：横摆角误差		
		Left	*Center*	*Right*
输入变量 1：	*Left*	*Right B*	*Right S*	*Center*
横向位置	*Center*	*Right S*	*Center*	*Left S*
误差	*Right*	*Center*	*Left S*	*Left B*

3）模糊推理过程

模糊推理过程可以分为三个步骤：模糊化、模糊推理和去模糊。我们使用三角形和梯形隶属度函数进行模糊化过程，如图 4.22 所示。模糊推理方法选用 Mamdani 方法，去模糊算法采用质心法。

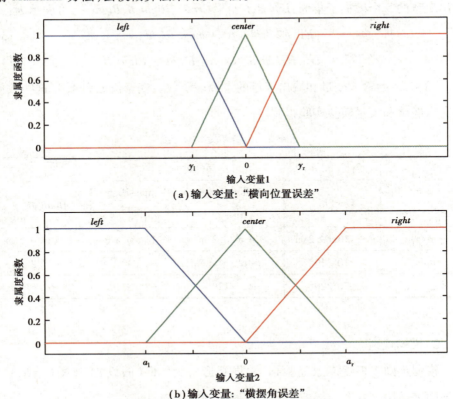

（a）输入变量："横向位置误差"

（b）输入变量："横摆角误差"

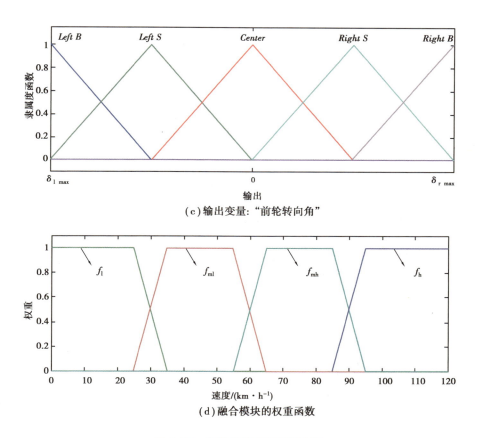

（c）输出变量："前轮转向角"

（d）融合模块的权重函数

图 4.22　多模型模糊控制器变量

4.5.4　变道策略的虚拟期望轨迹

为了保证在变道过程中乘客的舒适性和通过时间，设计一个虚拟轨迹来引导车辆实现变道操作。该轨迹应能够在保证车辆安全和舒适的前提下，使得车辆所需的变道时间最短。本研究选择梯形加速度轨迹作为变道的期望轨迹[23,70,155]，如图 4.23 所示，其中，a_{max} 和 J_{max} 分别代表梯形加速度轨迹的横向加速度极限和横向冲击极限。

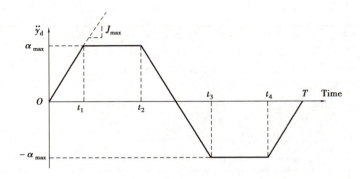

图 4.23　梯形加速度轨迹

由图 4.23 可知,期望的横向加速度 $\ddot{y}_d$ 可以写作：

$$\ddot{y}_d = J_{max}t \cdot u(t) - J_{max}(t-t_1) \cdot u(t-t_1) -$$
$$J_{max}(t-t_2) \cdot u(t-t_2) + J_{max}(t-t_3) \cdot u(t-t_3) + \qquad (4.15)$$
$$J_{max}(t-t_4) \cdot u(t-t_4) - J_{max}(t-T) \cdot u(t-T)$$

式中　$u(t)$——单位阶跃函数,对式 (4.15)积分两次,初始条件为 0,则横向位置为：

$$y_d = \frac{J_{max}}{6}\begin{bmatrix} t^3 \cdot u(t) - (t-t_1)^3 \cdot u(t-t_1) - \\ (t-t_2)^3 \cdot u(t-t_2) + (t-t_3)^3 \cdot u(t-t_3) + \\ (t-t_4)^3 \cdot u(t-t_4) - (t-T)^3 \cdot u(t-T) \end{bmatrix} \qquad (4.16)$$

令 $y_d(T) = d$,其中 d 为目标车道与起始车道之间的横向距离,即车道宽度。该轨迹的时间参数 t_1,t_2,t_3 和 t_4,由下式可得：

$$t_1 = \frac{a_{max}}{J_{max}}$$

$$t_2 = \frac{-t_1^2 + \sqrt{t_1^4 + 4t_1\dfrac{d}{J_{max}}}}{2t_1} \qquad (4.17)$$

$$t_3 = 2t_1 + t_2$$

$$t_4 = t_1 + 2t_2$$

车辆变道操作的时间 T 为：

$$T = 2(t_1 + t_2) = \frac{a_{\max}}{J_{\max}} + \sqrt{\left(\frac{a_{\max}}{J_{\max}}\right)^2 + 4\frac{d}{a_{\max}}} \qquad (4.18)$$

通过选择 $d, a_{\max}$ 和 $J_{\max}$ 的参数值，可以分别从式(4.16)和式(4.18)得到期望轨迹和通行时间。可以看到，梯形加速度轨迹易于参数化，它通过几个主要性能约束来设计期望轨迹，这有利于在通行时间和乘坐舒适性约束之间找到最佳点。

图 4.24 所示为不同车速下多模型模糊控制器的阶跃响应曲线。对照图 4.19 可以看出，多模型模糊控制器在不同车速下均能取得较好的控制效果，对速度变化的鲁棒性较好。

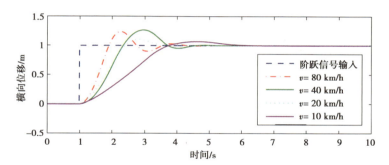

图 4.24　不同车速下的多模型模糊控制器的阶跃响应曲线

4.6　仿真测试

在本节，我们将通过一系列仿真实验测试所提及的车辆横向控制系统的性能，分别评估车道保持和车道变换操作。此外，为了显示多模型模糊控制器的鲁棒性能，在实验中考虑了车辆速度、质量、转动惯量和车轮侧偏角刚度的变化，实验参数见表 4.1。

4.6.1　测试 1：不同速度下的车道保持控制（1）

　　在该仿真中,将测试车辆的车道保持性能。设计了一条 600 m 轨迹,其中包括了一段 5 m 的横向位移,如图 4.25 所示。测试车辆将分别以 30,60,90 km/h 的速度通过该路段。转向角、横向位置误差和横向加速度的仿真结果如图 4.26 所示。可以发现,在 3 种测试速度下,测试车辆均能精确跟踪期望轨迹,在 3 个测试中,所有的输出最大值均出现在 90 km/h。在 30 km/h 和 60 km/h 下的结果更精确、更平滑。即使在 90 km/h 的速度下,最大横向位置误差也小于 0.08 m,最大横向加速度小于 1.1 m/s²。通常,为防止车辆侧翻,横向加速度应被限制在 4 m/s²,为保证乘客舒适性,横向加速度应限制在 2 m/s² 内[156]。由于横向加速度始终低于 2 m/s²,表明在这种情况下,所提出的控制器能保证乘坐舒适性。

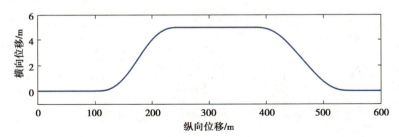

图 4.25　期望轨迹

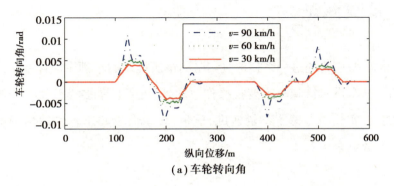

（a）车轮转向角

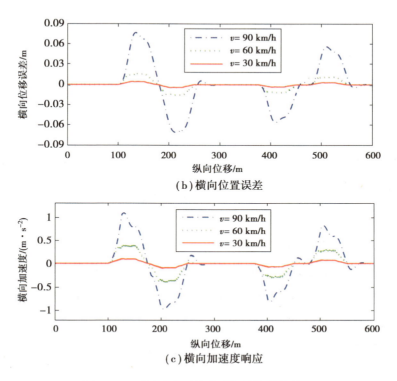

（b）横向位置误差

（c）横向加速度响应

图 4.26　不同速度下的车道保持控制结果（1）

4.6.2　测试 2：不同速度下的车道保持控制（2）

在本仿真中,测试车将在 4～10 s 和 15～22 s 分别测试两次 3 m 横向移动,如图 4.27 所示,该轨迹输入不同于图 4.25 所示轨迹,在后者中,我们给出了期望横向位移与时间的变化曲线。当测试车辆以不同的速度执行该操作,则会产生不同的轨迹。该测试的目的是测试车辆在不同的速度下执行相同的横向位移时,其横向控制器的性能。

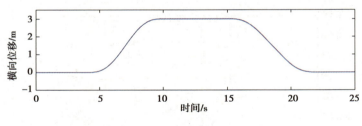

图 4.27　期望轨迹(2)

车辆的测试速度分别设置为 30,60,90 km/h,图 4.28(a)展示了 3 种测试速度下对应的转向角,在这个场景中,转向操作相当平滑,在 30 km/h 速度下的转向角比高速时更大,原因是当车辆速度较低时,需要较大的转向角才能到达相同的横向位置。图 4.28(b)表示横向位置误差曲线。可以看出,多模型模糊控制器能够在不同速度下确保良好的跟踪性能,最大横向位置误差产生在 90 km/h 时,最大值小于 0.05 m。图 4.28(c)展示了横向加速度曲线,最大值为 0.6 m/s^2,能够确保乘坐舒适性。另外,加速度结果在不同工况下也非常相似,表明多模型控制器在大范围速度变化的工况下有着较好的鲁棒性。

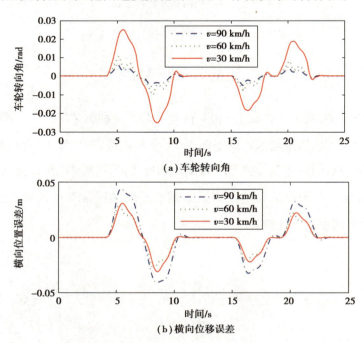

(a)车轮转向角

(b)横向位移误差

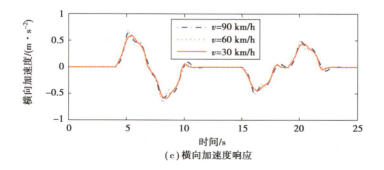

图 4.28 不同车速下的车道保持控制结果(2)

4.6.3 测试 3：不同负载和轮胎侧偏刚度下的车道保持控制

在该仿真实验中,车辆质量和轮胎侧偏刚度的变化所产生的影响将被研究。随着车辆质量的变化,车辆转动惯量也相应改变。我们使用与先前仿真测试相同的轨迹输入,如图 4.27 所示,车辆速度设置为 60 km/h。参数变化见表 4.6。车辆质量变化范围从 1 300 kg 至 2 300 kg,车辆转动惯量的变化范围从 3 000 kg · m² 至 4 400 kg · m²,车轮侧偏刚度变化范围从 36 500 N/rad 至 55 000 N/rad。图 4.29(a)、(b)为相应横向位置误差和横向加速度的对比图。在两幅图中,输出结果的差异较小,表明了对车辆负载、转动惯量及轮胎侧偏刚度的变化有较强的适应性。

表 4.6 参数设置的变化

	质量/kg	车辆转动惯量/(kg · m²)	车轮侧偏刚度/(N · rad⁻¹)
第 1 组	1 300	3 000	36 500
第 2 组	2 300	4 400	55 000

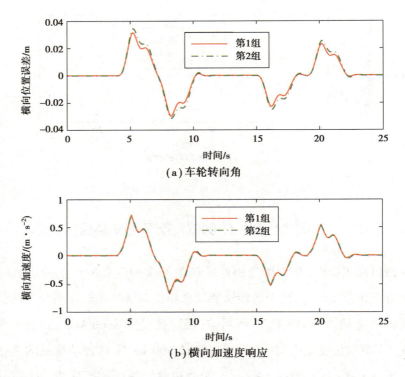

图 4.29　不同负载下的车道保持控制结果

4.6.4　测试 4：不同速度下的变道操作

在式(4.15)中描述了变道的虚拟轨迹(VDT)。在这里,VDT 的车辆横向加速度 a_{max} 限制为 0.05g,横向加速度变化率限制为 0.1g/s,其中 g 为重力加速度。高速公路车道宽度为 3.75 m,可得到转换时间 T = 6.05 s,VDT 如图 4.30 所示。

测试中,分别在 30,60,90 km/h 的速度下执行变道操作,图 4.31(a)表示了 3 种情况下的跟踪误差。跟踪误差的最大值为 0.06 m,出现在 90 km/h。随着速度降低,60 km/h 和 30 km/h 下的跟踪误差峰值降到了 0.04 m。图 4.31(b)表示了横向加速度结果,可以看出相应横向加速度均小于 1 m/s^2。此外,3 条曲线均非常相似,说明横向控制器与 VDT 可以在不同的速度工况下稳定工作。

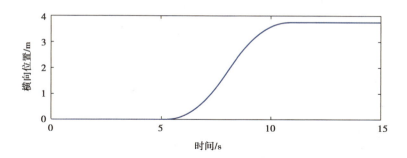

图 4.30　虚拟期望轨迹

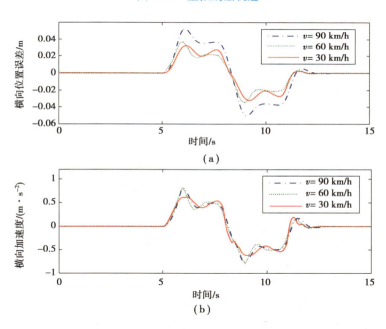

图 4.31　不同速度下的变道控制结果

4.6.5　测试 5：不同负载和侧偏刚度下的变道操作

在该测试中,我们将测试不同车辆负载及轮胎侧偏刚度下车道变换控制器的鲁棒性。使用如图 4.30 所示的 VDT 及表 4.6 中的两组测试参数。在 60 km∕h 的车辆速度下对两组测试参数进行了仿真。图 4.32(a)、(b)分别表示跟踪误差及横向加速度结果,尽管车辆参数在两种情况下有较大改变,但控制结果非常相似,这说明了控制器对于这些参数的变化有较好的鲁棒性。

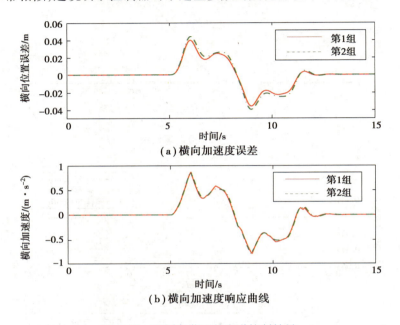

(a) 横向加速度误差

(b) 横向加速度响应曲线

图 4.32　不同负载下的变道控制结果

4.7　总　结

在本章中,我们提出了一个自动驾驶车辆的横向控制系统。该系统具有分层控制结构,可以执行车道保持和车道变换等基础横向操作。通过结合这两种基础操作,可以在更复杂的场景下工作,如超车等。车道变换控制过程中的主要困难是,当车载传感器范围不能涵盖两相邻车道时,车辆需要在没有道路参考的情况下移动一定距离。通过使用"虚拟期望路径"(VDT),车道变换问题可以变换成轨迹追踪问题。

由于车辆横向动力学特性受车辆纵向速度影响较大,因此提出一种多模型模糊控制器,该控制器包括 4 个局部控制器和 1 个融合模块。仿真结果表明,该控制器能够提供良好的跟踪性能,也能够在较宽的速度范围内保证乘坐舒适性,并能抵御车辆负载、转动惯量和车轮侧偏刚度等参数的不确定性。此外,每个局部控制器都具有相同的结构,包括输入变量、输出变量、模糊规则。整体上,计算过程并不复杂,实时性较好,对实时控制和嵌入式系统具有较好的应用前景。

第 5 章　车辆纵横向耦合控制

5.1　简　介

在第 3 章,我们提出纵向控制系统,其中包括上位控制器和下位控制器,通过制动器和节气门协同控制车辆纵向速度;在第 4 章,提出了一种多模型模糊控制系统去完成自动驾驶车辆的横向控制任务。然而,我们的目的是设计一个能够执行自动驾驶任务的全局控制系统。因此,需要将上述纵向和横向控制系统集成到一个能同时完成两种控制任务的全局控制系统中。

在本章中,我们首先建立一个包含纵向和横向控制系统的全局控制结构;然后,在一系列基于 MATLAB/Simulink® 的实验中测试全局控制系统的性能;最后给出研究结论。

5.2　系统集成

5.2.1　纵向与横向解耦控制

在之前的研究中,Wijesoma 和 Kodagoda 提出了面向高尔夫球车的 AGV 的全局控制结构[72,73]。在他们的工作中,并没有考虑车速对车辆转角(进而对角速度)的耦合效应,反之亦然。因此,我们提出了一个包含纵、横向控制器的全局控制系统,如图 5.1 所示。

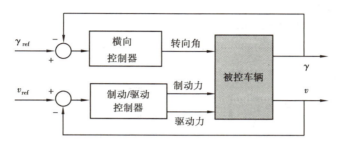

图 5.1　纵横向解耦控制系统

在该控制系统中,通过独立的解耦控制器实现车辆的纵、横向控制。在他们的研究中,分别验证了单独的纵向控制与横向控制,并且他们对同时进行纵、横向控制的工况进行了测试,但车速的变化仅在 3 ~ 7 m/s,这对于高尔夫球车是合理的, 但不适合于公路行驶车辆 ,因为该速度区域仅为公路行驶车辆的低速区域。

5.2.2　纵、横向集成控制系统

尽管在第 3 章、第 4 章中,纵向和横向控制器都是单独进行设计的,但是我们发现,车辆速度对车辆横向动力学有着重要影响。因此,图 5.1 所示的非耦合全局控制系统在我们的应用中是不合适的。我们提出了一个集成控制系统,其中纵向和横向控制器通过车辆纵向速度相连接,如图 5.2 所示。

在该控制系统中,纵向控制模块包括上位和下位控制器,如图 5.1 所示,纵向控制系统中的上位控制器是我们在式 (3.33) 中提出的 SSP 间距策略,可表示为:

$$\ddot{x}_{i\_\text{des}} = -\frac{\lambda \delta_i + \dot{\varepsilon}_i}{t_\text{d} - \dfrac{\gamma}{j_i} \dot{x}_i}$$

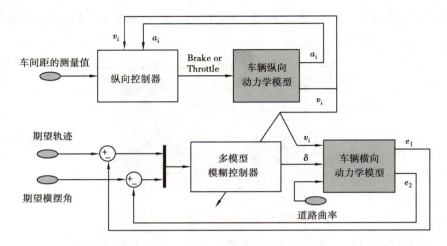

图 5.2　集成控制系统

在 3.3.5 小节中,已对上位控制器的细节进行了描述,纵向控制系统中的下位控制器是在 3.4 节中提出的加速与制动联合模糊控制器。

对于横向控制任务,我们使用 4.5.3 小节中提到的多模型模糊控制器,如图 4.19 所示。

利用该集成控制系统,我们既能够控制自动驾驶车辆的纵向运动也能控制横向运动。此外,一些更为复杂的车辆纵、横向运动操作,也能够在该集成控制系统中实现。

5.3　仿真实验

由于在 3.3.6 小节和 4.6 节中,独立的纵向和横向控制器已经通过一系列模拟试验进行了验证。在本节中,我们将测试纵向与横向运动相耦合的一些工况,这些工况更接近于车辆运行的实际操作。

用于仿真实验的参数值见表 5.1。

表 5.1　纵向控制器参数

参数	L	W	t_d	λ	j
取值	6.5 m	4.5 m	0.1 s	0.4	-7.32 m/s^2
参数	m	I_z	l_f/l_r	C_{af}/C_{ar}	
取值	1 485 kg	2 872 kg·m^2	1.1 m/1.58 m	42 000	

我们构建了一种纵、横向运动耦合的场景。在该场景中,被控车辆需要跟随头车执行加速和减速操作,同时,被控车辆还将沿着需要转向操作的期望轨迹行驶。图 5.3 表示头车的速度和位移轨迹。在图 5.3(a)中可发现,在 [5,15]s 区间,受控车辆需从 10 m/s 加速到 26 m/s (36 km/h 至 93.6 km/h),然而在[25,37]s 区间内,车辆从 26 m/s 减速至 5 m/s(18 km/h)。在图 5.3(b)中,表明被控车辆在加速期间需执行 3 m 的横向位移,并且在减速期间需要返回到原有车道。

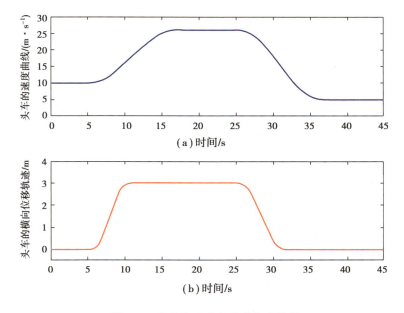

图 5.3　头车的速度与道路轨迹曲线

纵向控制系统的结果(包括上、下位纵向控制器)如图5.4所示。跟随车辆的速度随时间的变化如图5.4(a)所示,可发现,跟随车辆能够平稳地跟随头车的速度变化。图5.4(b)展示了测试期间的跟随车辆的纵向间距误差,最大纵向间距误差约为0.22 m,而此时的期望的车辆间距约为19.7 m,误差仅为1.1%左右。

图5.4(c)展示了节气门和制动器联合控制的结果,可发现节气门和制动器可协同、平稳地工作。但是在节气门曲线中有3处小的振荡,这些振荡是由变速器的换挡操作引起的,如图5.4(d)所示。

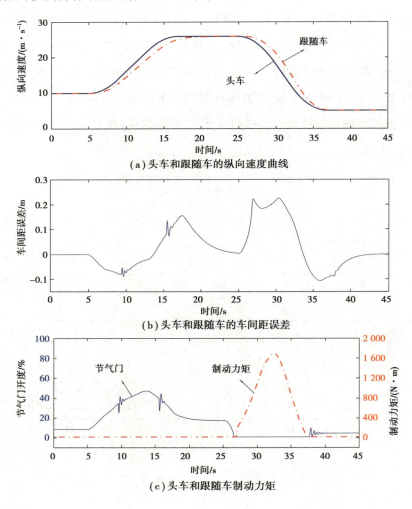

(a)头车和跟随车的纵向速度曲线

(b)头车和跟随车的车间距误差

(c)头车和跟随车制动力矩

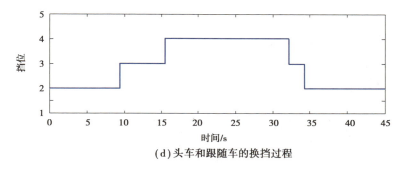

(d) 头车和跟随车的换挡过程

图 5.4　纵向控制系统的结果

图 5.5 展示了横向控制系统的结果。图 5.5(a) 中展示出了被控车辆的转向角结果,可以发现被控车辆能够准确、平稳地跟踪所需的轨迹,且转向输出不存在高频振荡。

横向位置误差及横向加速度结果分别如图 5.5(b)、(c) 所示。结果表明,该控制器的最大横向位置误差小于 0.05 m,最大横向加速度小于 0.8 m/s^2,从而保证了纵向控制器和横向控制器同时工作时的跟踪精度及平顺性。

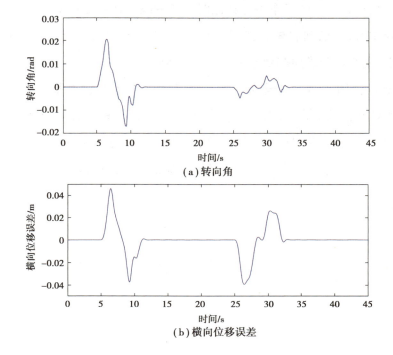

(a) 转向角

(b) 横向位移误差

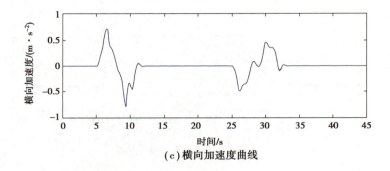

（c）横向加速度曲线

图 5.5　横向控制系统的结果

5.4　结　论

在本章中，我们重点设计一个全局控制系统，该系统可以整合在第 3 章和第 4 章中提出的用纵向控制器和横向控制器去控制自动驾驶车辆的纵向和横向运动。由于在之前的工作中已经证明车辆的纵向速度是影响车辆横向动力学的关键参数，并已利用纵向速度分区建立了一个多模型的横向控制器。因此，非耦合的纵向与横向控制系统不适用于本研究。

综上，我们提出了一个全局控制系统，其中纵向和横向控制器通过车辆纵向速度相连接。从而，所设计的纵向控制器和多模型模糊控制器实现协同工作。仿真实验表明，所提出的全局控制系统在同时进行转向和加减速操作的工况下具有良好的性能。更进一步，通过本系统，还可实现更为复杂的纵、横向耦合操作。

第6章 车辆状态观测与多传感器智能车平台

6.1 简 介

在前面的章节中,我们已经研究了智能车辆运动控制系统。在控制器设计过程中,我们假设所有的车辆状态均由不同类型的传感器准确测量,如车辆的纵向和横向加速度、速度、车间间距、横摆角、横向位移等,然而在实际情况中有些状态是无法测量的,有些状态虽可测量,但由于传感器成本高且有严格的安装要求,不能直接测量,这时我们需要设计观测器来估计那些难以测量的状态变量。此外,即使对于可测量的状态变量,考虑到传感器故障诊断以及传感器噪声会降低控制系统性能,状态观测器的设计也是必要的。

本章涉及与实践相关的两个方面:车辆状态观测和基于多传感器的智能车实验平台的搭建。首先,我们对车辆传感器系统配置进行了介绍;其次,在卡尔曼滤波器的基础上,设计了卡尔曼布西滤波器(Kalman-Bucy Filtering),其可由横向加速度的测量来估计车辆横摆速度及横向速度;最后,介绍了本团队搭建的多传感器智能车平台。

6.2 车辆状态的观测

6.2.1 简介

车辆动力学系统的控制效果取决于对车辆状态的准确感知。通常,车辆状态由车载传感器直接测量,然而有些状态是无法测量的,即使对于部分可测量的状态,由于传感器精度、成本和可靠性的限制,也难以从车载传感器中直接测量。因此,车辆状态估计是车辆控制系统设计中的一个重要方面。另外,需要注意的是,车辆状态估计也是车载故障诊断的关键技术之一。车辆状态估计问题可分为 4 个方面:传感器配置、物理模型、估计算法和参数自适应[157]。

根据控制需求,典型的估计状态是车速、横摆角速度和侧滑角。当今最常见的两个主动安全系统为,防抱死制动系统(Anti-lock Braking System,ABS)和电子稳定系统(Electronic Stability Program,ESP)。ABS 在很大程度上依赖于车速的估计,而 ESP 需要横摆角速度作为输入,尽管陀螺仪传感器可直接提供横摆角速度的大小,但其昂贵的价格(与其他传感器相比)使 ESP 系统只能配备在高端车型上。因此,使用状态估计方法可通过已有的低成本传感器(如横向加速度传感器)估计(间接测量)横摆角速度。

(1)选择被估计状态

由于我们的工作主要涉及车辆运动控制的两个方面:纵向控制(间距控制)和横向控制(转向控制)。在纵向控制系统中,可利用加速度传感器、车轮转速传感器及雷达获取纵向加速度、车间距等必要信息;而在横向控制系统中,车辆的横向位移和横摆角是两个输入参数。通常,在基于俯视(Look-down)的车辆位置感知系统中,采用磁强计(Magnetometer)感知车辆横向位移,而横摆角则是需要估计的变量。

（2）已有研究中的状态估计方法

在之前的文献中已经提出了不同的状态估计方法。对于线性系统的状态观测问题，传统的 Luenberger 观测器和卡尔曼滤波器被广泛使用[158-159]，Luenberger 观测器是基于 LTI（线性时不变）系统的极点配置去估计车辆横向动力学中的状态[160]。然而，该方法存在的问题是，当系统参数变化时（如车速 v），极点会发生变化，该观测器就无法应用。在文献[161]中，讨论了卡尔曼滤波器在车辆动力学的状态估计中的应用，并介绍了使用卡尔曼滤波器估计横向速度的例子。Gao 提出使用离散卡尔曼滤波器测量车辆横摆角速度的"软测量"方法[162]，结果表明，该滤波器能够准确地估计横摆角速度，但实验中车速被假定为常数（22 m/s），没有给出车速变化情况下的计算结果。

然而对于非线性系统，研究者也提出了不同的解决方案，如扩展 Luenberger 观测器、扩展卡尔曼滤波器、滑模观测器、基于 H_∞ 的估计算法、神经网络估计和模糊逻辑等非线性观测器[163-167]。

综上，考虑到车辆控制器的要求与感知系统的配置，我们选择横摆角速度作为被估计状态，因为在第 2 章中我们已经讨论了车辆横向动力学方程（2.58）是考虑了车辆参数变化的 LTV（线性时变）模型。因此，传统的 Luenberger 观测器不适用于本研究，从而选择基于卡尔曼滤波器的方法来估计横摆角速度更为合适。

6.2.2　面向线性时变系统的卡尔曼-布西滤波器

众所周知，卡尔曼滤波器由一系列递归数学公式描述，它们提供了一种高效可计算的方法来估计过程的状态，并使估计均方差最小。在文献[159]中，最早给出了面向离散系统的计算方法。在文献[168]中，则提出了对于连续系统的计算方法。卡尔曼-布西滤波器是卡尔曼滤波器对于连续系统的解决方案。

考虑由以下状态空间方程定义的 LTV 系统：

$$\dot{x}(t) = A(t)x(t) + B(t)\mu(t) + G(t)w(t)$$

$$y(t) = C(t)x(t) + v(t) \tag{6.1}$$

式中　$x(t)$——状态变量；

　　　$y(t)$——测量变量；

　　　$u(t)$——控制输入；

　　　$w(t), v(t)$——过程噪声和测量噪声。假设这些噪声是相互独立、正态分布的白噪声，可用以下协方差矩阵表示：

$$E\{w(t)w^{\mathrm{T}}(t')\} = Q(t)\delta(t-t'), E\{v(t)v^{\mathrm{T}}(t')\} = R(t)\delta(t-t'),$$

$$E\{v(t)w^{\mathrm{T}}(t')\} = 0, E\{v(t)\tilde{x}^{\mathrm{T}}(0)\} = 0, \tag{6.2}$$

$$E\{w(t)\tilde{x}^{\mathrm{T}}(0)\} = 0, E\{\tilde{x}(0)\tilde{x}^{\mathrm{T}}(0)\} = P_0$$

式中　$\delta(t)$——狄拉克函数；

　　　$x(0)$——一个具有期望值 m_0 的随机变量，$\tilde{x}(0) = x(0) - m_0$。

该滤波器由两个微分方程组成，一个用于状态估计，一个用于协方差计算：

$$\dot{\hat{x}}(t) = A(t)\hat{x}(t) + B(t)u(t) + K(t)[y(t) - C(t)\hat{x}(t)] \tag{6.3}$$

$$\dot{P}(t) = A(t)P(t) + P(t)A^{\mathrm{T}}(t) + G(t)Q(t)G^{\mathrm{T}}(t) - K(t)R(t)K^{\mathrm{T}}(t) \tag{6.4}$$

其中，第二个方程是 Riccati 方程，卡尔曼增益由下式给出：

$$K(t) = P(t)C^{\mathrm{T}}(t)R(t)^{-1} \tag{6.5}$$

式(6.3)—式(6.5)构成了连续状态的卡尔曼-布西滤波器[159,168-169]。

6.2.3　基于卡尔曼-布西滤波器的横摆角速度及横向速度估计

车辆横向动力学的问题已在第 2 章中讨论，介绍了二自由度的"自行车模型"，该模型如图 2.19 所示。

以状态空间的方式重写车辆横向动力学方程：

$$\dot{X} = AX + B\delta \tag{6.6}$$

式中 $\boldsymbol{X}$——状态向量,$\boldsymbol{X} = (y, \dot{y}, \psi, \dot{\psi})^{\mathrm{T}}$;

y, ψ ——车辆侧向位移和横摆角;

δ——转向角。

矩阵 $\boldsymbol{A}$ 和 $\boldsymbol{B}$ 中的变量见表4.1。

$$\boldsymbol{A} = \begin{pmatrix} 0 & 1 & 0 & 0 \\ 0 & -\dfrac{2C_{\mathrm{af}}+2C_{\mathrm{ar}}}{mv_x} & 0 & -v_x-\dfrac{2C_{\mathrm{af}}l_{\mathrm{f}}-2C_{\mathrm{ar}}l_{\mathrm{r}}}{mv_x} \\ 0 & 0 & 0 & 1 \\ 0 & -\dfrac{2l_{\mathrm{f}}C_{\mathrm{af}}-2l_{\mathrm{r}}C_{\mathrm{ar}}}{I_z v_x} & 0 & -\dfrac{2l_{\mathrm{f}}^2 C_{\mathrm{af}}+2l_{\mathrm{r}}^2 C_{\mathrm{ar}}}{I_z v_x} \end{pmatrix}$$

$$\boldsymbol{B} = \begin{pmatrix} 0 \\ \dfrac{2C_{\mathrm{af}}}{m} \\ 0 \\ \dfrac{2l_{\mathrm{f}}C_{\mathrm{af}}}{I_z} \end{pmatrix}$$

由于横向加速度传感器是一种较常用的传感器,所以在本研究中,横向加速度 $\ddot{y}$ 被作为测量变量,从式 (6.6)可得:

$$\ddot{y} = a_y = -\frac{2C_{\mathrm{af}}+2C_{\mathrm{ar}}}{mv_x}\dot{y} + \left(-V_x - \frac{2C_{\mathrm{af}}l_{\mathrm{f}}-2C_{\mathrm{ar}}l_{\mathrm{r}}}{mv_x}\right)\dot{\psi} + \frac{2C_{\mathrm{af}}}{m}\delta \qquad (6.7)$$

由式 (6.7)可发现,只有状态变量 $\dot{y}$ 和 $\dot{\psi}$ 与测量变量 $\ddot{y}$ 相关,而状态变量 y 和 ψ 与测量变量 $\ddot{y}$ 不具有一一映射关系。消除式 (6.6)中的状态变量 y 和 ψ,可得用于观测的简化状态空间方程为:

$$\dot{\boldsymbol{X}} = \boldsymbol{A}_1\boldsymbol{X} + \boldsymbol{B}_1\boldsymbol{\delta} + \boldsymbol{G}_1 w$$

$$\ddot{\boldsymbol{y}} = \boldsymbol{C}_1\boldsymbol{X} + \boldsymbol{D}_1\boldsymbol{\delta} + v \qquad (6.8)$$

式中 $\boldsymbol{X}$——状态向量,$\boldsymbol{X} = (\dot{y}, \dot{\psi})^{\mathrm{T}}$;

$\ddot{y}$ ——测量变量；

δ——转向角，是系统的输入；

w——过程噪声，$w=(w_1,w_2)^{\mathrm{T}}$；

v——测量噪声；

$$A_1=\begin{pmatrix} -\dfrac{2C_{\mathrm{af}}+2C_{\mathrm{ar}}}{mv_x} & -v_x-\dfrac{2C_{\mathrm{af}}l_{\mathrm{f}}-2C_{\mathrm{ar}}l_{\mathrm{r}}}{mv_x} \\[4mm] -\dfrac{2l_{\mathrm{f}}C_{\mathrm{af}}-2l_{\mathrm{r}}C_{\mathrm{ar}}}{I_zv_x} & -\dfrac{2l_{\mathrm{f}}^2C_{\mathrm{af}}+2l_{\mathrm{r}}^2C_{\mathrm{ar}}}{I_zv_x} \end{pmatrix}$$

$$B_1=\begin{pmatrix} \dfrac{2C_{\mathrm{af}}}{m_{\mathrm{af}}} \\[4mm] \dfrac{2l_{\mathrm{f}}^m}{I_z} \end{pmatrix}$$

$$C_1=\left[\left(-\dfrac{2C_{\mathrm{af}}+2C_{\mathrm{ar}}}{mv_x}\right)\left(-v_x-\dfrac{2C_{\mathrm{af}}l_{\mathrm{f}}-2C_{\mathrm{ar}}l_{\mathrm{r}}}{mv_x}\right)\right]$$

$$D_1=\left(\dfrac{2C_{\mathrm{af}}}{m}\right)$$

$$G_1=\begin{pmatrix} 1 & 0 \\ 0 & 1 \end{pmatrix}$$

上述矩阵参数的含义见表 4.1。

从式（6.8）可看出，系统矩阵 A_1 和 C_1 是纵向速度 v_x 的函数。由于在本研究中，车速变化被认为是横向控制器设计的重要因素（见第 4 章），因此速度的变化在状态估计过程中应被考虑。所以，由式（6.8）描述的车辆状态估计问题是一个 LTV 系统的状态估计问题。

首先，我们需要研究式（6.8）所描述系统的可观测性。该系统的观测矩阵为

$$M=\begin{pmatrix} N_0 \\ N_1 \end{pmatrix} \tag{6.9}$$

式中　$N_0 = C_1$，并且 $N_1 = N_0 A_1 + \dfrac{\mathrm{d}N_0}{\mathrm{d}(v_x)}\dfrac{\mathrm{d}(v_x)}{\mathrm{d}t}$。

这时我们可得到：

$$M = \begin{pmatrix} \dfrac{a_1}{v_x} & -v_x - \dfrac{a_2}{v_x} \\[3mm] -a_3 + \dfrac{a_1^2 - a_2 a_3 - a_1 a_{cc}}{v_x^2} & \left(-a_{cc} - a_1 - a_4 + \dfrac{a_2 a_{cc} - a_1 a_2 - a_2 a_4}{v_x^2}\right) \end{pmatrix} \tag{6.10}$$

矩阵 M 的秩为 2，即为满秩。其中，a_{cc} 为车辆的加速度，

$$a_1 = -\frac{2C_{af} + 2C_{ar}}{m}, \quad a_2 = \frac{2C_{af}l_f - 2C_{ar}l_r}{m},$$

$$a_3 = -\frac{2l_f C_{af} - 2l_r C_{ar}}{I_z}, \quad a_4 = -\frac{2l_f^2 C_{af} + 2l_r^2 C_{ar}}{I_z}$$

因此，该系统是可观测的。

卡尔曼-布西滤波器可由式（6.3）—式（6.5）来设计，利用横向加速度为测量变量来估计横向速度及横摆角速度。

6.2.4　状态估计结果

我们将利用 MATLAB／Simulink®测试所设计的观测器性能，车辆参数见表 4.1。车辆执行正弦转向操作，车辆转向角为：

$$\delta = 0.1 \sin\left[\frac{t}{2.5} + 0.1N(t)\right] \tag{6.11}$$

$$\delta = 0.1 \sin\left[\frac{t}{2.5} + 0.1N(t)\right] \tag{6.12}$$

式中　δ——转向角，单位为弧度，rad；

t——时间；

$0.1N(t)$——由于转向机构和道路条件的不确定性引起的转向输入噪声，$N(t)$ 被假设成正态分布，其均值为 0，标准差为 1。

$$N(t) \sim N(0,1) \tag{6.13}$$

测试工况中,车速的变化描述为:从 0 s 至 20 s 时,车辆保持为 5 m/s (18 km/h)的固定速度,然后开始从 5 m/s 加速到 25 m/s (90 km/h),加速度为 0.4 m/s²,最终车速保持在 25 m/s。车辆的转向角和车速随时间的变化如图 6.1 所示。

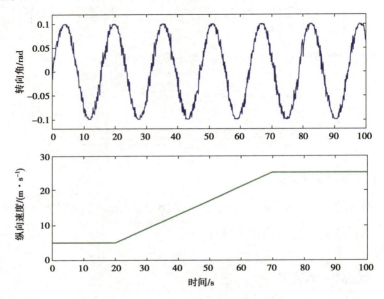

图 6.1　转向角速度与车辆纵向速度曲线

图 6.2 展示了横向加速度的测量值和估计值,可以明显看到卡尔曼滤波器的"滤波"效果,估计值比噪声测量值要平滑得多。

横向速度和横摆角速度的实际值与估计值如图 6.3 所示。尽管车辆速度在较宽的范围内变化,且横向加速度的测量也是有噪声的,但估计的横向速度和横摆角速度可以密切地跟踪整个测试期间真实值的变化。因此,所设计的卡尔曼-布西滤波器在车辆横向动态估计中被证明是有效的。

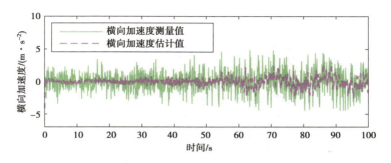

图 6.2　横向加速度测量值与估计值

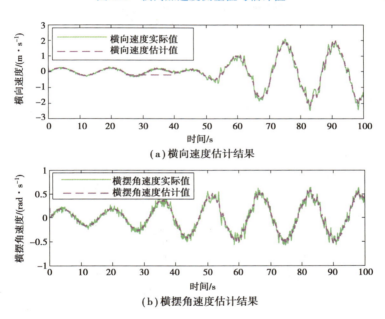

（a）横向速度估计结果

（b）横摆角速度估计结果

图 6.3　状态估计结果

6.3　多传感器智能车实验平台介绍

6.3.1　缩小比例的多传感器智能车原型介绍

　　首先,介绍一个缩小比例(1:10)多传感器智能车的原型[170]。该原型为多种技术的集成、可靠性分析、实时控制和监督等工作提供了测试平台,如图 6.4

所示。汽车的不同部分将在下面的章节加以解释。

图 6.4　两车队列

（1）多传感器系统

多传感器系统是实现控制策略所必需的,该系统在满足控制要求的前提下,也考虑了成本因素。系统原理图与硬件配置如图 6.5 所示。

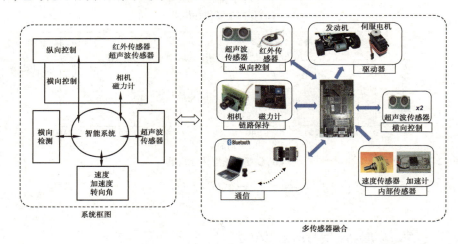

图 6.5　缩小比例车的多传感器系统

1）纵向控制传感器

为了使感知有效且可靠,利用两种传感器来确定车辆之间的间距,根据车辆的尺寸选择了观测范围为 2 m 的传感器。

①红外测距传感器:它利用光电晶体管测量发射波与障碍物上的反射波来

测量距离。

②超声波传感器:它通过测量超声波的发射与反射传播时间来测量车辆间的距离。

两个距离测量结果被发送到控制系统,由控制系统对它们进行比较,并根据数据融合过程推导出可靠的数据。

2)轨迹跟踪传感器

期望轨迹由一条画在地面上的白线表示,车辆相对于白线的位置由集成在摄像头上的微处理器给出。利用给定的标志线颜色,摄像头的微处理器能够计算路线的重心并将其数字化地发送到中央控制器。由于路线跟踪是车辆的一个重要的功能,为了提高感知的可靠性,还引入了磁铁/磁力计传感器。磁道钉固定在车道中央,两个磁力计置于前保险杠的左右两侧,通过比较每个通道的张力,来计算车道相对于车辆的准确位置,参见图6.6。

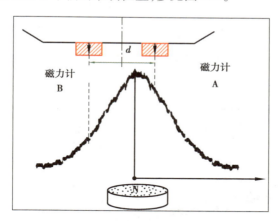

图6.6 磁力感知系统设计图

3)侧向检测传感器

为了使车辆能够实现复杂的驾驶场景,例如在车辆队列中实现插入工况,即需要开展侧向检测。事实上,为确定能否执行插入操作,必须确保没有其他车辆在侧边,因此在车辆的前端和末端的侧向使用了两个超声波传感器。

4）其他传感器

由于需要随时了解车辆状态,使用角度传感器测量转向角,光学速度传感器测量速度,加速度传感器测量车辆加速度,并将这些状态反馈给车辆控制器。

（2）微控制器

智能系统的核心是微控制器,该原型车选择 Infineon CS167 微控制器收集传感器信息,开展控制算法计算并管理通信系统。由于微控制器的负载大,因此设计了一个主/从控制构架,其中主微控制器用于一个特定的任务,如通信;从控制器专用于传感器的管理和控制策略计算,开发了用于与主、从控制器之间的通信协议,实现二者间的信息交换。

（3）无线通信

通信系统是该系统的核心部分之一,可选择的无线通信方案有 Wi-Fi、蓝牙和 ZigBee 等。考虑到本研究的具体情况,采用插在微控制器 RS-232 端口上的蓝牙装置与 PC 通信,PC 将信息传输到其他车辆,如图 6.7 所示。主监控器与车辆之间的通信使用特定框架下的通信协议,开发了一个人机界面（HMI）来实现用户与车辆队列的通信[170]。

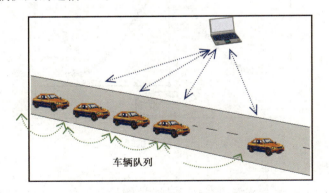

图 6.7　队列通信系统

（4）系统整合与测试

原型样机设计的主要困难是整合所有技术并使其协同工作。

　　我们构建了一个较为完整的小车结构,如图 6.8 所示,该结构下所有设备都围绕着微控制器进行了调整和优化。

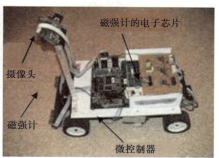

图 6.8　小车结构

　　基于线性化的整车动力学模型,分别为缩小比例车辆的纵向控制系统和横向控制系统开发了对应的模糊控制器。应用时间和几何相似性与缩小比例车辆的模型进行了匹配。基于 MATLAB/Simulink® 的 Real-Time Workshop（RTW）和面向 Infineon C167 微控制器的嵌入式 C-Coder 工具箱,将控制算法集成到微控制器中。试验结果表明,该车辆可以执行车辆跟随和车道跟踪场景[139,171]。

6.3.2　基于 dSPACE 的快速原型与测试

　　本小节将建立一个基于快速控制原型的实车实验平台,利用基于 dSPACE 的快速控制原型系统,对所建立的模型设计的控制器进行离线及实时仿真,验证控制系统的实际可行性。dSPACE 实时控制系统能够方便地修改模型参数控制算法,从而能够在控制系统设计阶段高效地开展测试验证。

（1）快速控制原型的系统结构

　　该自动驾驶平台是一个基于 dSPACE MicroAutoBox Ⅱ 搭建的快速控制原型,用于测试在提出的纵横向耦合控制算法。该车是一辆由上位机 PC、dSPACE、转向控制器、节气门、制动等组成的后轮驱动车,前轴是转向轴。为了更好地实现车辆自动驾驶控制,我们将原车的加速、减速和转向系统等进行了改装,实现了线控操作,如图 6.9 所示。

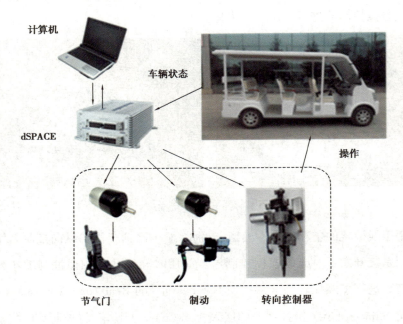

图 6.9　快速测试原型的系统结构

该快速原型系统的主要构成为:

①实验用车。实验用车辆为某型观光电动车,最高速度 30 km/h,载客人数 8 人,整备质量 1 040 kg,驱动电池为 72 V 铅酸电池(12 V×6)。

②转向系统。实验车辆转向机构改装为长安奔奔助力转向器,转向电机驱动是电压为 12 V,功率 500 W 的直流电机。另外,本车采用 BI Technologies 公司用于电动助力转向系统的 7 线 SX-4300A 转角扭矩传感器,可同时输出扭矩和转角信号。该传感器为接触式转矩和多圈位置传感器,量程为 ±720 N/m,如图 6.10 所示。设定转向盘转角工况后,传感器采集到信号后到执行电机的过程为:转向盘转角传感器→ 信号调理模块(SC)ightarrow MicroAutoBox Ⅱ 控制单元→控制信号输出→功率驱动模块(PU)→转向电机。

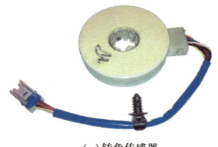

(a) 转角传感器　　　　　　　　　　　　(b) 助力转向机构

图 6.10　所用实验设备

③dSPACE 控制系统。该平台采用了基于 dSPACE 的快速控制原型设计与仿真解决方案,其开发流程如图 6.11 所示。在 MATLAB/Simulink® 环境下建立控制器模型,使用图形化的 RTI 模块进行 I/O 接口配置,基于 RTW 编译生成 C 代码,下载到 dSPACE 硬件中执行半实物仿真。MicroAutoBox Ⅱ用于控制器的快速控制原型设计,在实时环境中验证所设计控制器的功能及效果。RapidPro 用于对所采集信号的调理和执行电机的功率驱动。

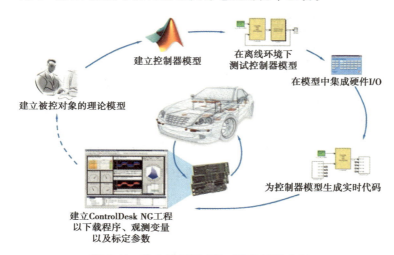

图 6.11　快速控制原型的开发与设计流程

本书所采用的 dSPACE 设备为 MicroAutoBox Ⅱ 变体版本 DS1511/1512,由基于现场可编程门阵列(FPGA)的 I/O 板卡 DS1511 及 DS1512 构成,并扩展了交流电机控制(ACMC)解决方案的板卡 DS1553,硬件系统如图 6.12 所示。

DS1401 板卡系统,含有 900 MHz 的 IBM PPC 750GL 芯片,通过内部 32 位 PHS 总线与各接口板卡模块相连接。外围具有丰富的 I/O 接口,可供进行信号的输出或测量等操作。RapidPro 设备用于对 dSPACE 快速控制原型系统功能进行扩展,包含有信号调理单元(SC)、功率驱动单元(PU)及控制单元(CU),如上层 RCP 系统需要额外的信号调理及功率驱动以连接传感器及执行器时,可通过 RapidPro 模块单元对 dSPACE 快速控制原型系统的功能进行扩展。

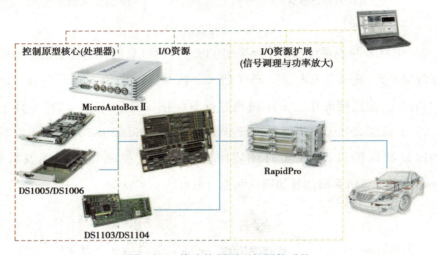

图 6.12　快速控制原型的硬件系统

　　dSPACE 实时仿真系统与 MATLAB/Simulink®实现了无缝衔接,控制器在 MATLAB/Simulink®下完成设计及离线仿真工作后,可通过 dSPACE 的实时接口库(Real-Time Interface)以方框图形式对 Simulink 中所建立的离线控制模型进行硬件 I/O 配置,然后利用 MATLAB 的 RTW(Real-Time Workshop)模块和 C 语言编译器将 Simulink 下的控制模型编译成 C 代码,下载到 dSPACE 实时硬件中运行,如图 6.13 所示。

（2）快速控制原型的实车实验

　　基于第 4 章中车道变换和路径跟踪仿真实验,这部分将快速控制原型系统用于实际车辆的转向控制,验证所搭建的智能车辆平台转向机构的实际可靠性和稳定性。

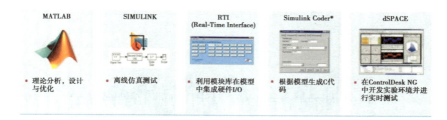

图 6.13　快速控制原型的软件系统

①双移线转向实验:根据《乘用车紧急变线试验　第 1 部分:双移线》(ISO 3888-2:2011)设计车辆的双移线实验,输入量为期望转角,反馈信号为转向机构的实际转角,初步验证所搭建平台的实时性和可靠性,实际跟踪效果如图 6.14 所示。

②期望路径跟踪实验:设定的参考路径如图 6.15 所示,实验结果如图 6.16(a)所示,进行了加、减速操作的速度跟随场景。被控制的车辆可以通过控制节气门开度和制动踏板的开度来实现对虚拟期望轨迹的跟踪,且车速保持在设定值。结果转向角如图 6.16(b)所示。车辆可以按照预期的转向角进行变道操作。

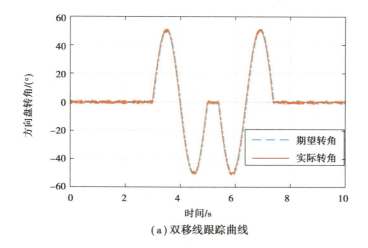

(a)双移线跟踪曲线

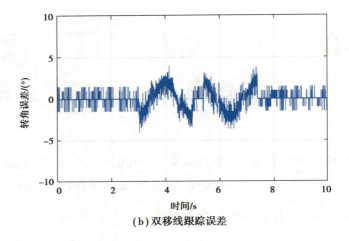

（b）双移线跟踪误差

图 6.14　双移线跟踪效果

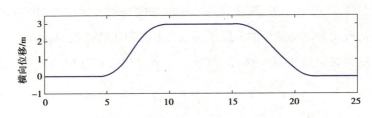

图 6.15　期望路径

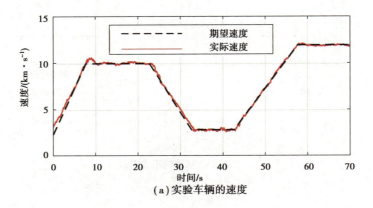

（a）实验车辆的速度

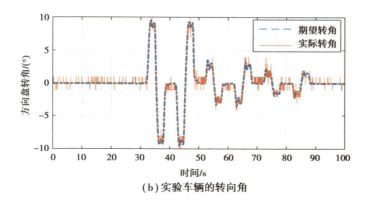

（b）实验车辆的转向角

图 6.16　快速控制原型车的车道跟踪结果

基于 dSPACE 系统的快速原型系统,搭建了智能车横向运动控制实验平台。将所设计的横向运动控制器用于控制实际车辆转向机构以跟踪期望路径,并对所搭建平台的转向机构性能的实时性和可靠性进行了验证。实验结果表明,车辆转向机构能够按照控制器跟踪期望路径所得到的转向角运动,说明了所搭建的智能车辆横向运动控制平台的实际可行性。

6.3.3　基于轮毂电机驱动的线控智能底盘

由于 6.3.2 小节所描述的快速原型车辆采用的是低速电动观光车,该车没有总线控制,从而需要大量的改装工作实现车辆的线控。由于基于总线的控制技术早已广泛应用于车辆制造行业,因此,我们也搭建了基于总线控制的线控电驱动智能车底盘。在搭建该底盘时也考虑到了当今较为先进的轮毂电机驱动、四轮转向以及全铝制车身轻量化等技术。

该线控底盘平台配备了一块参数为 72 V、7 kW·h 的三元锂电池,并且该底盘采用了前置前驱的电驱动方式,功率为 2×4 kW。全车采用铝合金型材搭建,轴距 1 900 mm,轮距 1 355 mm,最大负载为 1 000 kg,最高时速可达40 km/h,可以通过遥控器控制底盘的转向与驱动,同时该底盘可搭载环境感知与控制模块,实现自动驾驶,该实验平台如图 6.17 所示。

图 6.17   无人驾驶线控底盘实验小车

（1）系统的主要构成

基于轮毂电机驱动的线控智能底盘系统的主要构成为：底盘结构系统、动力系统、转向系统、制动系统、底盘电力与保险系统、底盘灯光系统、底盘网络系统。

①底盘结构系统：针对底盘主体框架部分，采用了全铝合金型材进行搭建。底盘悬架采用了四个相互独立且可模块化的双叉臂悬挂结构，同时提供了五个相互连通的设备安装仓，分为两个副仓、两个翼仓和一个主仓。

②动力系统：动力电池由三元铝电池封装而成，能够提供 DC 72 V 直流标准电压供电，分为三路供电，一路为电源输出总接口，一路为充电接口和 CAN 接口。轮毂电机控制器为轮毂电机的驱动电路模块，它是轮毂电机驱动主体，提供 CAN 接口。

③转向系统：转向系统主要由转向供电系统，转向机总成和转向机控制器组成，相比于普通乘用车减少了人工转向的机械连接部分。

④制动系统：与传统的汽车制动相比，减少了人工制动相关执行机构，全车制动均采用电子控制方式完成。

⑤底盘网络系统：底盘网络主要指底盘上现有的有线/无线网络，底盘网络系统主要由底盘车载网关和外部网络系统组成，包括 CAN 网络，以太网及无线网络。底盘 CAN 网络是底盘设备的重要通讯方式，底盘目前只存在一路 CAN BUS，所有需要通过 CAN 通信的设备都需要接入该网络中。CAN 总线提供多路设备输入，同时提供 1 路汽车故障诊断（On Board Diagnostics，OBD）接口。

（2）多传感器平台

在该车上配备了 Velodyne VLP-16 激光雷达和单目视觉传感器，Velodyne VLP-16 线激光雷达在垂直方向上有 16 线的激光束，且视角范围为 −15°～+15°，垂直角分辨率为 2°；水平方向上视角为 0°～360°，水平角分辨率 0.1°～0.4°，其扫描频率有 5 Hz、10 Hz、20 Hz 三种；激光雷达在采集三维数据时有效测量范围在 100 m 左右，每一步的旋转可在空间上采集 16 个点的三维数据，每秒最多可搜集 30 万点云数据。视觉传感器采用罗技 B525 高清网络摄像头，该摄像头集成了一颗 200 万像素传感器，支持输出 720P、30FPS 的视频画面。另外，为了快速地收集和处理传感器数据，本实验平台还配备了 Nuvo-810GC 工控机，具有 4 个 SODIMM 内存插槽，采用英特尔八代酷睿 8 核/16 线程处理器，如图 6.18 所示。

图 6.18　多传感器平台

（3）实验测试

本平台的软件环境为 Ubuntu16.04 操作系统，使用开源自动驾驶框架 Autoware 进行实现。采用上述设备搭建的无人驾驶平台，在校园内进行了数据采集和试验。出于安全的考虑，选择相对封闭路段，并对测试环境进行了警示等安全防护。实验车车速控制在 20 km/h 左右，视觉传感器数据平均采集频率为 9.915 Hz；激光雷达数据平均采集频率为 9.961 Hz，两传感器采集数据频率基本同步。

　　我们利用感知系统建立了环境地图,并实现了车辆绕特定建筑物的自主环形驾驶,如图6.19所示。在该场景下,车辆能够检测道路行人、车辆等目标,并能够实现对障碍物的规避,如图6.20所示。

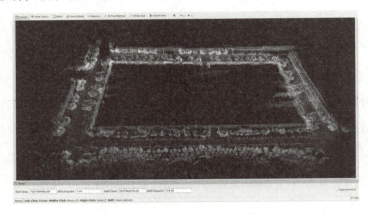

图 6.19　校园环境下部分检测结果

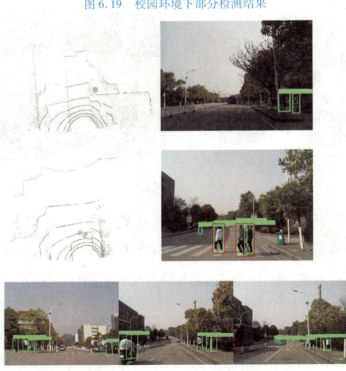

图 6.20　校园环境下部分检测结果

本研究所采用的激光雷达与视觉融合算法对行人目标检测达到了较高的检测精度,同时在面对一些较小或存在遮挡的行人目标时,仍然能够保证准确的检测,平均每帧检测与融合时间 0.124 s。

6.4　结　论

本章主要涉及车辆状态观测与多传感器智能车辆平台搭建等与实践应用相关的工作。一方面,考虑了智能车状态观测问题。由于成本、安装位置等限制,部分车辆参数难以进行直接测量,如车辆横摆角速度等,由于车辆横向动力系统是一个 LTV 系统,本研究设计了卡尔曼-布西滤波器的车辆状态观测器,实现了对相关参数的观测。

另一方面,介绍了本研究团队近年来所搭建的多个智能车辆测试平台,用于对所研究的各类车辆环境感知、运动控制等技术的验证,并实现多种技术的集成、测试。这些平台也体现了无人驾驶技术近些年的发展演化。

参考文献

［1］ European Automobile Manufacturers' Association（ACEA）. World commercial vehicle production［EB/OL］. （2021-03-01）［2021-08-16］. https://www. acea. auto/figure/commercial-vehicle-production-by-world-region/.

［2］ OCIA. 2021 Production Statistics ［EB/OL］. （2021-09）［2021-10-01］. https://www. oica. net/category/production-statistics/2021-statistics/.

［3］ 新华社. 公安部发布最新全国机动车和驾驶人数据［EB/OL］. （2021-10-12）［2021-10-15］. http://www. gov. cn/xinwen/2021-10/12/content _ 5642074. htm.

［4］ 中华人民共和国交通运输部综合规划司. 2020 年交通运输行业发展统计公报［EB /OL］. （2021-05-19）［2021-06-10］. https://www. mot. gov. cn/2021zhengcejd/hangyetjgb_2021/index. html.

［5］ EUROTAT. Energy, transport and environment statistics（2020 Edition）［EB/OL］. （2020-11-06）［2021-06-10］. https://ec. europa. eu/eurostat/fr/web/products-statistical-books/-/ks-dk-20-001.

［6］ 高德地图. 2020 年度中国主要城市交通分析报告［EB/OL］. （2021-01-22）［2021-07-01］. https://pdf. dfcfw. com/pdf/H3_AP202101221453216874_1. pdf? 1611334348000. pdf.

［7］ DECAE R. European Road Safety Observatory-Annual statistical report on road safety in the EU 2020［R/OL］.（2021-04-01）［2021-07-01］. https://ec. eu-ropa. eu/transport/road ＿ safety/sites/default/files/pdf/statistics/dacota/asr2020. pdf.

［8］ 中国国家统计局,等. 金砖国家联合统计手册2020［M］. 北京：中国统计出版社, 2020.

［9］ UNSAL C. Intelligent navigation of autonomous vehicles in an automated high-way system：Learning methods and interacting vehicles approach［D］. Virginia：Virginia Polytechnic Institute and State University, 1998.

［10］ JAPANESE Ministry of Land, Infrastructure, Transport and Tourism. What is ITS［EB/OL］.（2011-10-10）［2021- 08-16］. https://www. mlit. go. jp/road/ITS/pdf/ITSinitiativesinJapan. pdf.

［11］ 王笑京,沈鸿飞,马林,等. 中国智能交通系统发展战略［M］. 北京：人民交通出版社, 2006.

［12］ TOMIZUKA M, HEDRICK J K. Automated vehicle control for IVHS systems ［J］. IFAC Proceedings Volumes, 1993, 26(2):109-112.

［13］ CHEON S. An overview of automated highway systems（AHS）and the social and institutional challenges they face［EB/OL］.（2003- 03- 01）［2021- 08-10］. https://escholarship. org/uc/item/8j86h0cj. html.

［14］ VARAIYA P. Smart cars on smart roads：problems of control［J］. IEEE Transactions on Automatic Control, 1993, 38(2)：195-207.

［15］ KISIEL R. Electronics overload may limit optionchoices；Some features may draw too much battery power［J］. Automotive News, 2008, 83(6338):18F.

［16］ 华为投资控股有限公司. 2020年度报告［R/OL］.（2021-03-25）［2021-08-10］. https://www-file. huawei. com/minisite/media/annual＿report/annual＿report_2020_cn. pdf.

［17］ ABELE J, KERLEN C, KRUEGER S, et al. Exploratory study on the potential socio-economic impact of the introduction of Intelligent Safety Systems in road vehicles[R/OL]. (2005-01-15)[2021-08-16]. https://trimis. ec. euro-pa. eu/sites/default/files/project/documents/20101208 _ 184626 _ 84759 _ SEISS%20final_2005. pdf.

[18] SHLADOVER S E. Connected and automated vehicle systems: Introduction and overview[J]. Journal of Intelligent Transportation Systems, 2018, 22 (3): 190-200.

[19] 中国智能交通协会. 中国智能交通行业发展年鉴(2019)[EB/OL]. (2020-11-24)[2021-08-16]. http://www. its-china. org. cn//ITS_China/ SvoteDao? CREMARKS=0&sid=1606204668.

[20] JAPANESE Ministry of Land, Infrastructure, Transport and Tourism. Compre-hensive Plan for ITS in Japan[EB/OL]. (2012-10-10)[2021-08-16]. https://www. mlit. go. jp/road/ITS/topindex/topindex_g06. html.

[21] GUERRERO-IBÁÑEZ J, ZEADALLY S, CONTRERAS-CASTILLO Juan. Sensor technologies for intelligent transportation systems[J]. Sensors, 2018, 18(4):1212.

[22] European Automobile Manufacturers' Association (ACEA). Vehicle in use-Europe[EB/OL]. [2021-7-1]. https://www. acea. auto/files/report-vehicles-in-use-europe-january-2021-1. pdf.

[23] HEDRICK J K , TOMIZUKA M , VARAIYA P . Control issues in automated highway systems[J]. IEEE Control Systems, 1995, 14(6): 21-32.

[24] HOROWITZ R , VARAIYA P . Control design of an automated highway sys-tem[J]. Proceedings of the IEEE, 2000, 88(7): 913-925.

[25] TSUGAWA S , KATO S , MATSUI T , et al. An architecture for cooperative driving of automated vehicles [C]//2000 IEEE Intelligent Transportation Systems(ITSC2000). Dearborn, USA: IEEE, 2000: 422-427.

[26] HALLE S, CHAIB-DRAA B. Collaborative driving system using teamwork for platoon formations [C]//Applications of Agent Technology in Traffic and Transportation. Basel:Birkhäuser,2005: 133-151.

[27] MARSDEN G, MCDONALD M, BRACKSTONE M. Towards an understanding of adaptive cruise control[J]. Transportation Research Part C: Emerging Technologies, 2001, 9(1): 33-51.

[28] WANG J , RAJAMANI R . Adaptive cruise control system design and its impact on highway traffic flow[C]// Proceedings of the 2002 American Control Conference. Anchorage, USA: IEEE, 2002, 5: 3690-3695.

[29] ZHOU J, PENG H. Range policy of adaptive cruise control vehicles for improved flow stability and string stability[J]. IEEE Transactions on Intelligent Transportation Systems, 2005, 6(2): 229-237.

[30] RAJAMANI R, TAN H, LAW B, et al. Demonstration of integrated longitudinal and lateral control for the operation of automated vehicles in platoons[J]. IEEE Transactions on Control Systems Technology, 2000, 8(4): 695-708.

[31] SANTHANAKRISHNAN K , RAJAMANI R . On spacing policies for highway vehicle automation[J]. IEEE Transactions on Intelligent Transportation Systems, 2003, 4(4): 198-204.

[32] GUO J H, LUO Y G, LI K Q, et al. Adaptive dynamic surface longitudinal tracking control of autonomous vehicles [J]. IET Intelligent Transport Systems, 2019, 13(8): 1272-1280.

[33] GANJI B, KOUZANI A Z, KHOO S Y, et al. Adaptive cruise control of a HEV using sliding mode control[J]. Expert Systems with Applications, 2014, 41(2): 607-615.

[34] ZHU M, CHEN H, XIONG G. A model predictive speed tracking control approach for autonomous ground vehicles[J]. Mechanical Systems and Signal

Processing, 2017, 87: 138-152.

[35] 马国成, 刘昭度, 王宝锋, 等. 车辆驾驶员辅助系统中基于运动模型的前车最优跟随控制[J]. 机械工程学报, 2016, 52(18): 118-125.

[36] RAJAMANI R. Vehicle dynamics and control[M]. US: Springer, 2006.

[37] 李文昌, 郭景华, 王进. 分层架构下智能电动汽车纵向运动自适应模糊滑模控制[J]. 厦门大学学报(自然科学版), 2019, 58(3): 422-428.

[38] FISHER D K. Brake system component dynamic performance measurement and analysis[C]// SAE Technical Paper Series. New York, USA: Society of automotive engineers, 1970.

[39] GUNTUR R R. Adaptive brake control system[M]. Belgium: University of Technology Delft, 1975.

[40] GUNTUR R R, WONG J Y. Some design aspects of Anti-Lock Brake Systems for commercial vehicles[J]. Vehicle System Dynamics, 1980, 9(3): 149-180.

[41] MOSKWA J J, HEDRICK J K. Automotive engine modeling for real time control application[C]// American Control Conference. Minneapolis, USA: IEEE, 1987: 341-346.

[42] POWELL B K, COOK J A. Nonlinear low frequency phenomenological engine modeling and analysis[C]// American Control Conference. Minneapolis, USA: IEEE, 1987: 332-340.

[43] CHO D, HEDRICK J. Automotive powertrain modeling for control[J]. Journal of Dynamic Systems, Measurement, and Control, 1989, 111(4): 568-576.

[44] GRIZZLE J W, COOK J A, MILAM W P. Improved cylinder air charge estimation for transient air fuel ratio control[C]//American Control Conference. Baltimore, USA: IEEE, 1994: 1568-1573.

[45] IOANNOU P, XU Z, ECKERT S, et al. Intelligent cruise control: theory and

experiment［C］// IEEE Conference on decision & control. San Antonio, USA：IEEE, 1993：1885-1890.

［46］YI K, MOON I , KWON Y D . A vehicle-to-vehicle distance control algorithm for stop-and-go cruise control ［C］// Intelligent Transportation Systems. Oakland, USA：IEEE, 2001：478-482.

［47］GERDES J C, HEDRICK J K. Vehicle speed and spacing control via coordinated throttle and brake actuation［J］. Control Engineering Practice, 1997, 5 (11)：1607-1614.

［48］ZHAO P, CHEN J J, SONG Y, et al. Design of a control system for an autonomous vehicle based on adaptive-pid［J］. International Journal of Advanced Robotic Systems, 2012, 9(2)：44.

［49］GUO J, LI K, LUO Y. Coordinated control of autonomous four wheel drive electric vehicles for platooning and trajectory tracking using a hierarchical architecture［J］. Journal of Dynamic Systems, Measurement, and Control, 2015, 137：101001.

［50］GERDES J C, HEDRICK J K. Vehicle speed and spacing control via coordinated throttle and brake actuation［J］. Control Engineering Practice, 1997, 5 (11)：1607-1614.

［51］LIANG H, CGONG K T, NO T S, et al. Vehicle longitudinal brake control using variable parameter sliding control ［J］. Control Engineering Practice, 2003, 11(4)：403-411.

［52］NARANJO J E, GONGZALEZ C, GARCIA R, et al. ACC+ Stop & Go maneuvers with throttle and brake fuzzy control［J］. IEEE Transactions on intelligent transportation systems, 2006, 7(2)：213-225.

［53］SCHAKEL W J, AREM B V, NETTEN B D. Effects of Cooperative Adaptive Cruise Control on traffic flow stability ［C］//13th International IEEE

Conference on Intelligent Transportation Systems. Funchal, Portugal: IEEE, 2010: 759-764.

[54] SHLADOVER S E. Longitudinal control of automotive vehicles in close-formation platoons[J]. Journal of dynamic systems, measurement, and control, 1991, 113(2): 231-241.

[55] IOANNOU P A, AHMED-ZAID F, WUH D H. A time headway autonomous intelligent cruise controller: Design and simulation[R/OL]. (1994-04)[2021-06-01]. https://merritt. cdlib. org/d/ark%3A%2F13030%2Fm57m3cdt/1/producer%2FPWP-94-07. pdf.

[56] MCDONALD M, MARSDEN M, DEMIR C, et al. Deployment of inter-urban ATT test scenarios: A European Progress report[C]// Future Transportation Technology Conference & Exposition. Warrendale, PA: Society of Automotive Engineers,1998: 41-48.

[57] NOUVELIERE L , MAMMAR S . Experimental vehicle longitudinal control using a cond order sliding modes technique[J]. Control Engineering Practice, 2007, 15(8): 943-954.

[58] American Association of State Highway and Transportation Officials. Driving down lane departure crashes: a national priority[R/OL]. (2008-04-01)[2021-06-01]. https://www. virginiadot. org/business/resources/LocDes/Lane_Departures_PLD-1. pdf.

[59] HUANG J, TOMIZUKA M. LTV controller design for vehicle lateral control under fault in rear sensors[J]. IEEE/ASME Transactions on Mechatronics, 2005, 10(1): 1-7.

[60] FENTON R E, SELIM I. On the optimal design of an automotive lateral controller[J]. IEEE Transactions on Vehicular Technology, 1988, 37(2): 108-113.

[61] 许庆，潘济安，李克强，等. 不可靠通信的云控场景下网联车辆控制器的设计[J]. 汽车工程，2021，43（04）：83-92.

[62] CHOI J Y，KIM C S，HONG S, et al. Vision based lateral control by yaw rate feedback［C］// The 27th Annual Conference of the IEEE Industrial Electronics Society. Denver：2001，3：2135-2138.

[63] TAYLOR C J, KOSECKA J, BLASI R，et al. A comparative study of vision-based lateral control strategies for autonomous highway driving[J]. The International Journal of Robotics Research，1999，18（5）：442-453.

[64] ZHANG J R，XU S J，RACHID A. Robust sliding mode observer for automatic steering of vehicles［C］// Proceedings of 2000 IEEE Intelligent Transportation Systems. Dearborn：IEEE，2000：89-94.

[65] CHAIB S, NETTO M S，MAMMAR S. H_∞, adaptive，PID and fuzzy control：a comparison of controllers for vehicle lane keeping［C］// IEEE Intelligent Vehicles Symposium. Parma：IEEE，2004：139-144.

[66] GAO Y，LIN T，BORRELLI F，et al. Predictive control of autonomous ground vehicles with obstacle avoidance on slippery roads［C］// Dynamic Systems & Control Conference. Massachusetts：ASME，2010,1：265-272.

[67] NETTO M S，CHAIB S，MAMMAR S. Lateral adaptive control for vehicle lane keeping［C］// Proceedings of the 2004 American Control Conference. Boston：IEEE，2004，3：2693-2698.

[68] LEE K B，KIM Y J，AHN O S，ET AL. Lateral control of autonomous vehicle using Levenberg-Marquardt neural network algorithm［J］. International Journal of Automotive Technology，2002，3（2）：71-77.

[69] 王荣本，李兵，徐友春，等. 基于视觉的智能车辆自主导航最优控制器设计[J]. 汽车工程，2001，23（2）：97-100.

[70] CHEE W，TOMIZUKA M. Vehicle lane change maneuver in automated

highway systems[R/OL]. (1994-11)[2021-07-01]. https://escholarship. org/uc/item/29j5s3gk.

[71] CHOI J Y. Robust controller for an autonomous vehicle with look-ahead and look-down information[J]. Journal of mechanical science and technology, 2011, 25(10): 2467.

[72] KODAGODA K, WIJESOMA W S, TEOH E K. Fuzzy speed and steering control of an AGV[J]. IEEE Transactions on control systems technology, 2002, 10(1): 112-120.

[73] WIJESOMA W S, KODAGODA K, TEOH E K. Uncoupled fuzzy controller for longitudinal and lateral control of a golf car-like AGV[C]// Proceedings of 1999 IEEE/IEEJ/JSAI International Conference on Intelligent Transportation Systems. Tokyo, Japan: IEEE, 1999: 142-147.

[74] BOM J, THUILOT B, MARMOITON F, et al. A global control strategy for urban vehicles platooning relying on nonlinear decoupling laws[C]// 2005 IEEE/RSJ International Conference on Intelligent Robots and Systems. Edmonton, Canada: IEEE, 2005: 2875-2880.

[75] LIM E H M, HEDRICK J K. Lateral and longitudinal vehicle control coupling for automated vehicle operation[C]// Proceedings of the American Control Conference. San Diego, USA: IEEE, 1999, 5: 3676-3680.

[76] MAMMAR S, NETTO M. Integrated longitudinal and lateral control for vehicle low speed automation[C]// Proceedings of the 2004 IEEE International Conference on Control Applications. Taipei, Taiwan: IEEE, 2004, 1:350-355.

[77] CHAIBET A, NOUVELIERE L, MAMMAR S, et al. Backstepping control synthesis for automated low speed vehicle[C]//Proceedings of the 2005 American Control Conference. Portland, USA: IEEE, 2005, 1: 447-452.

[78] TOULOTTE P F, DELPRAT S, GUERRA T. Longitudinal and lateral control

for automatic vehicle following［C］//2006 IEEE Vehicle Power and Propulsion Conference. Windsor, UK：IEEE, 2006：1-6.

［79］GUO J H, WANG R B, LI L H, et al. Combined lateral and longitudinal controller design for intelligent vehicles based on backstepping［C］// 2011 International Conference in Electrics, Communication and Automatic Control Proceedings. NewYork, USA：Springer, 2012：367-373.

［80］LEE H, TOMIZUKA M. Coordinated longitudinal and lateral motion control of vehicles for IVHS［J］. Journal of Dynamic Systems Measurement & Control, 2001, 123（3）：535-543.

［81］GARCIA R, PEDRO T, NARANJO J E , et al. Frontal and lateral control for unmanned vehicles in urban tracks［C］// Intelligent Vehicle Symposium. Versailles, France：IEEE, 2002（2）：583-588.

［82］KUMARAWADU S, LEE T T. Neuroadaptive combined lateral and longitudinal control of highway vehicles using RBF networks［J］. IEEE Transactions on Intelligent Transportation Systems, 2006, 7（4）：500-512.

［83］CHEN K, PEI X, OKUDA H, et al. A hierarchical hybrid system of integrated longitudinal and lateral control for intelligent vehicles ［J］. ISA Transactions, 2020, 106：200-212.

［84］李以农, 杨柳, 郑玲, 等. 基于滑模控制的车辆纵横向耦合控制［J］. 中国机械工程, 2007, 223（7）：114-118.

［85］冀杰, 李以农, 郑玲, 等. 车辆自动驾驶系统纵向和横向运动综合控制［J］. 中国公路学报, 2010, 23（5）：119-126.

［86］ZHAO J, EL KAMEL A. Integrated longitudinal and lateral control system design for autonomous vehicles［C］// IFAC Proceedings Volumes, Istanbul, Turkey：Elsevier, 2009, 42（19）：496-501.

［87］任殿波, 张京明, 崔胜民, 等. 车辆换道纵横向耦合控制［J］. 交通运输

工程学报，2009，9（3）：112-116.

[88] 张琨，崔胜民，王剑锋. 基于模糊神经网络的智能车辆循迹控制［J］. 汽车工程，2015，37（1）：38-42，77.

[89] 胡平，郭景华，李琳辉，等. 智能车辆纵横向反演变结构协调控制［J］. 电机与控制学报，2011，15（10）：88-94.

[90] 郭景华，罗禹贡，李克强. 智能电动车辆横纵向协调与重构控制［J］. 控制理论与应用，2014，31（9）：1238-1244.

[91] PACEJKA H B. Tyre and vehicle dynamics［M］. 3rd Ed. Oxford，United Kingdom：Butterworth-Heinemann Ltd，2012.

[92] GIM G，NIKRAVESH P E. An analytical model of pneumatic tyres for vehicle dynamic simulations. Part 1：Pure slips［J］. International Journal of Vehicle Design，1990，11（6）：589-618.

[93] GIM G，NIKRAVESH P E. An analytical model of pneumatic tyres for vehicle dynamic simulations. Part 2：Comprehensive slips［J］. International journal of vehicle design，1991，12（1）：19-39.

[94] GIM G，NIKRAVESH P E. An analytical model of pneumatic tyres for vehicle dynamic simulations. Part 3：Validation against experimental data［J］. International Journal of Vehicle Design，1991，12（2）：217-28.

[95] DAY T D. An overview of the HVE vehicle model［C］// International Congress & Exposition. Warrendale PA：Society of Automotive Engineers，1995，01：451-464.

[96] PHAM H，TOMIZUKA M，HEDRICK J. Integrated maneuvering control for automated highway systems based on a magnetic reference sensing system［R/OL］. （1997-10）［2021-06-18］. https：//path. berkeley. edu/sites/default/files/path_1996_annual_report. pdf.

[97] HINGWE P. Robustness and performance issues in the lateral control of vehi-

cles in automated highway systems[D]. Berkeley: University of California, 1997.

[98] NOUVELIERE L. Commandes Robustes Appliquées au Control Assisté d'un Véhicle à Basse Vitésse[D]. Versailles, France: Université de Versailles-Saint Quentin en Yvelines, 2002.

[99] LOWNDES E M. Development of an intermediate DOF vehicle dynamics model for optimal design Studies[D]. Raleigh: North Carolina State University, 1998.

[100] ADDI K, GOELEVEN D, RODI A. Mathematical analysis and numerical simulation of a nonsmooth road-vehicle spatial model[J]. Journal of Applied Mathematics and Mechanics/Zeitschrift für Angewandte Mathematik und Mechanik, 2006, 86(3): 185-209.

[101] GILLESPIE T D. Fundamentals of vehicle dynamics[M]. Warrendale, PA: Society of Automotive Engineers, Inc., 1992.

[102] JIA Y M. Robust control with decoupling performance for steering and traction of 4WS vehicles under velocity-varying motion [J]. IEEE Transactions on Control Systems Technology, 2000, 8(3): 554-569.

[103] WU S J, CHIANG H H, PERNG J W, et al. The automated lane keeping design for an intelligent vehicle[C]// 2005 IEEE Proceedings of Intelligent Vehicles Symposium. Las Vegas, USA: IEEE, 2005: 508-513.

[104] CHIANG H H, MA L S, PERNG J W, et al. Longitudinal and lateral fuzzy control systems design for intelligent vehicles[C]// 2006 IEEE International Conference on Networking, Sensing and Control. Fort Lauderdale, USA: IEEE, 2006: 544-549.

[105] YANG J, ZHENG N. An expert fuzzy controller for vehicle lateral control [C]// 33rd Annual Conference of the IEEE Industrial Electronics Society. Taipei: IEEE, 2007: 880-885.

[106] KIENCKE U, NIELSEN L . Automotive control systems: for engine, drive-line, and vehicle [M]. 2nd ed. Heidelberg, Germany: IOP Publishing Ltd., 2000, 11(12):1828.

[107] SUN P, POWELL B, D HROVAT. Optimal idle speed control of an automotive engine [C]// Proceedings of the 2000 American Control Conference. Chicago, USA: IEEE, 2000, 2: 1018-1026.

[108] KOTWICKI A. Dynamic models for torque converter equipped vehicles [C]// Conference of SAE International Congress and Exposition. USA: SAE International Institute, 1982: 1595-1609.

[109] ASSANIS D N, FILIPI Z, GRAVANTE S, et al. Validation and use of SIM-ULINK integrated, high fidelity, engine-in-vehicle simulation of the international class VI truck[C]// Proceedings of the 2000 SAE World Congress. Detroit, USA: SAE American Technical Publishers Ltd., 2000, 109(3): 384-399.

[110] KIENHOFER F, CEBON D. Improving ABS on heavy vehicles using slip control[C]// Proceedings of the 19th Symposium of the International Association for Vehicle System Dynamics. Qingdao, China: Taylor and Francis, 2006, 44: 892-903.

[111] HEDRICK J K, GARG V, GERDES J C, et al. Longitudinal control development for IVHS fully automated and semi-automated systems: Phase II[R/OL]. (1996-10)[2021-06-18]. https://escholarship.org/uc/item/4k559099.

[112] MCMAHON D H, NARENDRAN V K, SWAROOP D, et al. Longitudinal vehicle controllers for IVHS: theory and experiment[C]// American Control Conference. Chicago, USA: IEEE, 1992: 1753-1757.

[113] HEDRICK J K, MCMAHON D H, SWAROOP D. Vehicle modeling and control for automated highway systems[R/OL]. (1993-11)[2021-06-18].

https://escholarship. org/uc/item/81q709jn.

[114] HEDRICK J K, GARG V, MACIUCA D B. Brake system modeling, control and integrated brake/throttle switching: Phase I [R/OL]. (1997-05) [2021-06-18]. https://escholarship. org/uc/item/02b8f7q2.

[115] TAN H S, TOMIZUKA M. An adaptive sliding mode vehicle traction controller design [C]// 1990 American Control Conference. San Diego, USA: IEEE, 1990, 2: 1856-1861.

[116] MCMAHON D H, HEDRICK J K, SHLADOVER S E. Vehicle modelling and control for automated highway systems [C]// 1990 American Control Conference. San Diego, USA: IEEE, 1990: 297-303.

[117] HEDRICK J K, MCMAHON D H, NARENDRAN V, et al. Longitudinal vehicle controller design for IVHS systems [C]// Proceedings of the American Control Conference. Boston, USA: IEEE, 1991: 3107-3112.

[118] Arem B, Driel C, Visser R. The impact of cooperative adaptive cruise control on traffic-flow characteristics [J]. IEEE Transactions on Intelligent Transportation Systems, 2006, 7(4): 429-436.

[119] Rajamani R, CHOI S B, LAW B K, et al. Design and experimental implementation of longitudinal control for a platoon of automated vehicles [J]. Journal of Dynamic Systems, Measurement and Control, 2000, 122(3): 470-476.

[120] ZWANEVELD P, AREM B V. Traffic effects of automated vehicle guidance systems : a literature survey [R/OL]. (1997-12) [2021-06-18]. https:// puc. overheid. nl/rijkswaterstaat/doc/PUC_53115_31/.

[121] SWAROOP D, HEDRICK J K, CHIEN C C, et al. A comparision of spacing and headway control laws for automatically controlled vehicles [J]. International Journal of Vehicle Mechanics and Mobility, 1994, 23(1): 597-625.

[122] SWAROOP D, HEDRICK J K. String stability of interconnected systems [J]. IEEE Transactions on Automatic Control, 1996, 41(3): 349-357.

[123] HOROWITZ R, TAN C W, SUN X T. An efficient lane change maneuver for platoons of vehicles in an automated highway system[R/OL]// https://escholarship. org/uc/item/76w4f4r0.

[124] SHEIKHOLESLAM S, DESOER C A. Longitudinal control of a platoon of vehicles[C]// Proceedings of the 1990 American Control Conference. San Diego, USA: IEEE, 1990: 291-297.

[125] SWAROOP D. String stability of interconnected systems: An application to platooning in automated highway systems[D]. San Diego, UC : University of California, 1994.

[126] NAGATANI T. The physics of traffic jams[J]. Reports on Progress in Physics, Institute of Physics Publishing, 2002, 65: 1331-1386.

[127] ZHAO J, OYA M, WANG T, et al. Impacts of the ACC system on highway traffic safety and capacity[J]. Journal of China Mechanical Engineering, 2007, 18(12): 1496-1500.

[128] DARBHA S. On the synthesis of controllers for continuous time LTI systems that achieve a non-negative impulse response[J]. Automatica, 2003, 39 (1): 159-165.

[129] SHRIVASTAVA A, LI P Y. Traffic flow stability induced by constant time headway policy for adaptive cruise control vehicles[C]// Proceedings of the 2000 American Control Conference. Chicago, USA: IEEE, 2000, 3: 1503-1508.

[130] LI P Y, SHRIVASTAVA A. Traffic flow stability induced by constant time headway policy for adaptive cruise control vehicles [J]. Transportation Research Part C Emerging Technologies, 2002, 10(4): 275-301.

[131] GODBOLE D, LYGEROS J. Safety and throughput analysis of automated high-way systems[R/OL]. (2000-10)[2021-06-18]. https://escholarship.org/uc/item/6767x8n2.

[132] ZHAO J, OYA M, El KAMEL A. A safety spacing policy and its impact on highway traffic flow[C]// Proceedings of 2009 IEEE Intelligent Vehicles Symposium. Xi'an, China: IEEE, 2009: 960-965.

[133] SHLADOVER S E, DESOER C A, HEDRICK J K, et al. Automated vehicle control developments in the PATH program[J]. IEEE Transactions on Vehicular Technology, 1991, 40(1): 114-130.

[134] NARANJO J E, GONZALEZ C, GARCIA R, et al. Lane-Change fuzzy control in autonomous vehicles for the overtaking maneuver[J]. IEEE Transactions on Intelligent Transportation Systems, 2008, 9(3): 438-450.

[135] LEE G D, KIM S W, YIM Y U, et al. Longitudinal and lateral control system development for a platoon of vehicles[C]// Proceedings of IEEE/IEEJ/JSAI International Conference on Intelligent Transportation Systems. Tokyo, Japan: IEEE, 1999: 605-610.

[136] EL KAMEL A, DIEULOT J Y, BORNE P. Fuzzy controller for lateral guidance of busses[C]// Proceedings of the IEEE International Symposium on Intelligent Control. Vancouver, Canada: IEEE, 2002: 110-115.

[137] EL KAMEL A, BOUSLAMA F, BORNE P. Multimodel multicontrol of vehicles in automated highways[C]// The 4th World Automation Congress. Hawaii, USA: World Students Scholarship Fund, Inc., 2000:145.

[138] El KAMEL A, BORNE P. Multimodel approach for intelligent control and applications[J]. Journal of Donghua University(English Edition), 2004, 21(3):15-20.

[139] EL KAMEL A, BOUREY J P. UML-based design and fuzzy control of automa-

ted vehicles[C]// International Conference on Fuzzy Systems and Knowledge Discovery. Berlin, Germany: Springer, 2005, 3613: 1025-1033.

[140] ZADEH L A. Outline of a new approach to the analysis of complex systems and decision processes[J]. IEEE Transactions on Systems, Man, and Cybernetics, 1973, 3(1): 28-44.

[141] JOHANSEN T A , MURRAY-SMITH R. Multiple model approaches to modelling and control[M]. London : Taylor & Francis, 1997.

[142] ASTROM K J, MCAVOY T J. Intelligent control[J]. Journal of Process Control, 1992, 2(3): 115-127.

[143] ANTSAKLIS P J , PASSINO K M, WANG S J. An introduction to autonomous control systems[J]. IEEE Control Systems Magazine, 1991, 11(4): 5-13.

[144] MESAROVICH M D, MACKO D, TAKAHARA Y. Theory of hierarchical, multilevel, systems[M]. New York: Academic Press, 1970.

[145] JOHANSEN T A, FOSS B. Constructing NARMAX models using ARMAX models[J]. International Journal of Control, 1993, 58(5): 1125-1153.

[146] HILHORST R A, AMERONGEN J V , LÖHNBERG P, et al. Intelligent adaptive control of mode-switch processes [C]// IFAC Proceedings Volumes. Singapore: Elsevier, 1991, 24(1):145-150.

[147] ZHANG X C, VISALA A , HALME A, et al. Functional state modelling approach for bioprocesses: local models for aerobic yeast growth processes[J]. Journal of Process Control, 1994, 4(3): 127-134.

[148] JOHANSEN T A, FOSS B A. Operating regime based process modeling and identification[J]. Computers & chemical engineering, 1997, 21 (2): 159-176.

[149] JACOBS R, JORDAN M, NOWLAN S, et al. Adaptive mixtures of local ex-

perts[J]. Neural computation, 1991, 3(1): 79-87.

[150] TAKAGI T, SUGENO M. Fuzzy identification of systems and its applications to modeling and control[J]. IEEE transactions on systems, man, and cybernetics, 1985, 15(1): 116-132.

[151] HALLE S, CHAIB-DRAA B. A collaborative driving system based on multia-gent modelling and simulations [J]. Transportation Research Part C: Emerging Technologies, 2005, 13(4): 320-345.

[152] ZIEGLER J G, NICHOLS N B. Optimum settings for automatic controllers [J]. Journal of Dynamic Systems, Measurement Control, 1993, 115(2B): 220-222.

[153] FRANKLIN G F, POWELL J D, EMAMI-NAEINI A, et al. Feedback control of dynamic systems[M]. 4th edition. Upper Saddle River, New Jersey: Prentice hall, 2002.

[154] WANG C Y, QI T Y, WANG X J. An adaptive fuzzy controller and its application for lateral control in IHS[C]// Proceedings of the 2003 IEEE International Conference on Intelligent Transportation Systems. Shanghai, China: IEEE, 2003, 1: 244-246.

[155] JI J, LI Y N, ZHENG L. Self-Adjusting fuzzy logic control for vehicle lateral control[C]// Fourth International Conference on Fuzzy Systems and Knowledge Discovery. Haikou, China: IEEE, 2007, 2: 614-618.

[156] ACKERMANN J, GULDNER J, SIENEL W, et al. Linear and nonlinear controller design for robust automaticsteering[J]. IEEE Transactions on Control Systems Technology, 1995, 3(1): 132-143.

[157] YU Z, GAO X. Review of vehicle state estimation problem under driving situation[J]. Chinese Journal of Mechanical Engineering, Chinese Journal of Mechanical Engineering, 2009, 45(5): 2-33.

[158] LUENBERGER D. An introduction to observers[J]. IEEE Transactions on Automatic Control, 1971, 16(6): 596-602.

[159] KALMAN R E. A new approach to linear filtering and prediction problems [J]. ASME Journal of Basic Engineering, 1960, 82: 35-45.

[160] KIENCKE U, DAIFL A. Observation of lateral vehicle dynamics [J]. Control Engineering Practice, 1997, 5(8): 1145-1150.

[161] VENHOVENS P J TH, NAAB K. Vehicle dynamics estimation using Kalman filters[J]. Vehicle System Dynamics, 1999, 32(2-3): 171-184.

[162] GAO Z H. Soft sensor application in vehicle yaw rate measurement based on Kalman filter and vehicle dynamics[C]// Proceeding of IEEE Intelligent Transportation Systems. Shanghai, China: IEEE, 2003, 2: 1352-1354.

[163] STEPHANT J, CHARARA A, MEIZEL D. Virtual sensor: application to vehicle sideslip angle and transversal forces [J]. IEEE Transactions on industrial electronics, 2004, 51(2): 278-289.

[164] 朱绍中,高晓杰,余卓平. 极限行驶条件下车辆质心侧偏角观测器设计 [J].同济大学学报(自然科学版), 2009, 37(8): 82-86.

[165] O'BRIEN R T, KIRIAKIDIS K. A comparison of H_∞ with kalman filtering in vehicle state and parameter identification[C]// 2006 American Control Conference. Minneapolis, USA: IEEE, 2006: 3954-3959.

[166] SASAKI H, NISHIMAKI T. A side-slip angle estimation using neural network for a wheeled vehicle[J]. SAE transactions, Society of Automotive Engineers, 2000, 109(6): 1026-1031.

[167] 施树明, LUPKER H, BREMMER P, 等. 基于模糊逻辑的车辆侧偏角估计方法[J]. 汽车工程, 2005, 27(4): 426-430.

[168] KALMAN R, BUCY R S. New results in linear prediction and filtering theory [J]. Journal of Basic Engineering, 1961, 93(1): 95-108.

［169］ BORNE P，DAUPHIN-TANGUY G，RICHARD J P，et al. Commande et Optimisation des Processus［M］. Paris：Éditions Technip，1990.

［170］ EL KAMEL A，HEMBISE Q，OLIVE S，et al. Intelligent Transportation system design and monitoring［C］// 2006 IEEE International Conference on Industrial Technology. Mumbai，India：IEEE，2006：3020-3025.

［171］ EL KAMEL A. Multi-sensor automated highway prototype design，instrumentation & embedded control［C］// European Control Conference. Kos，Greece：IEEE，2007：2179-2184.